Un jour à
FONTAINEBLEAU

作者: GUILLAUME PICON (纪尧姆·皮孔)
摄影: ERIC SANDER (埃里克·桑德尔)

枫丹白露宫

遇见法国的历史之美

[法] 纪尧姆 · 皮孔 著 郭佳妤 译

華中科技大學出版社
http://www.hustp.com
有书至美 BOOK & BEAUTY
中国 · 武汉

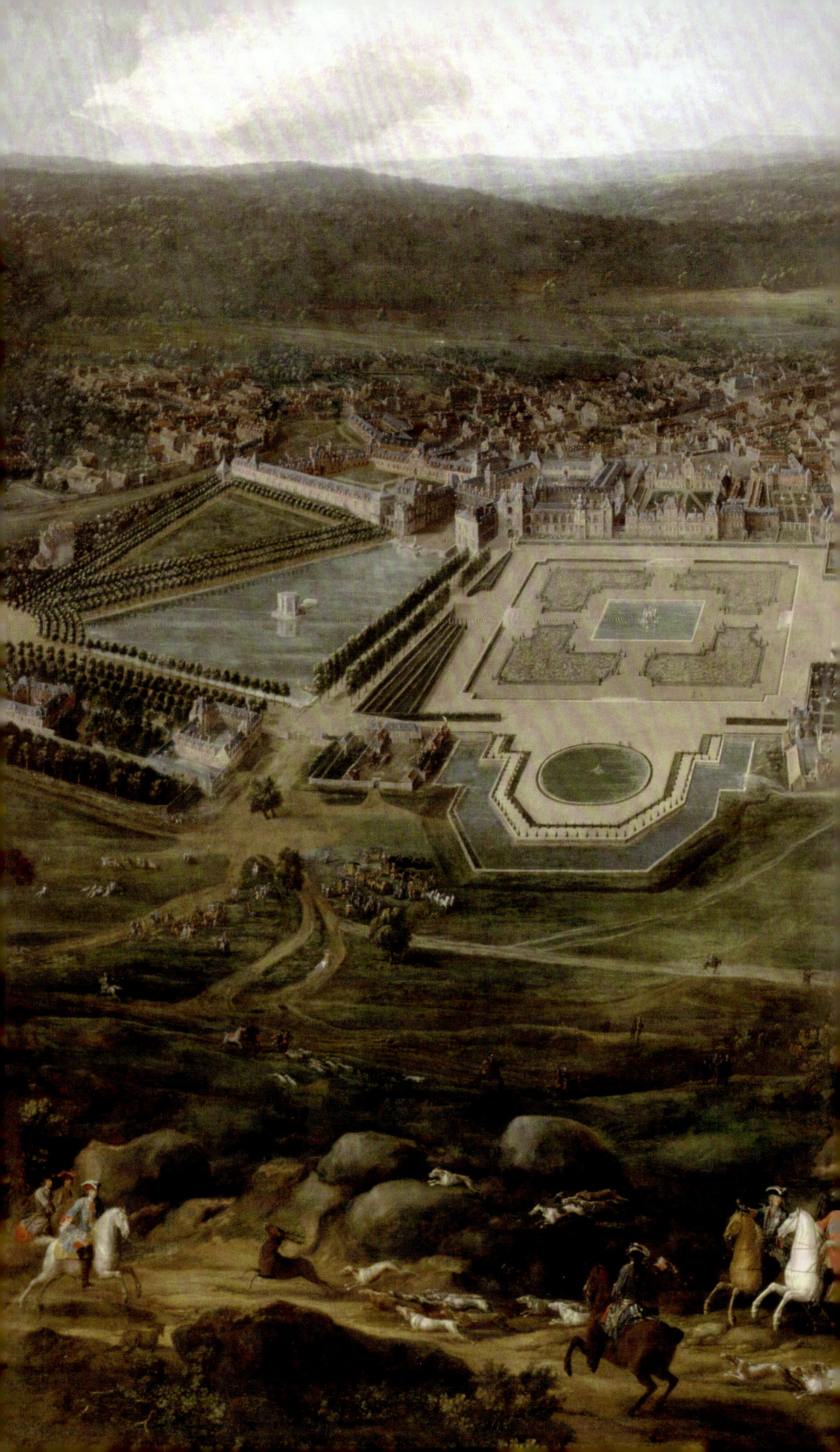

目 录

前言 — 8

百年来的皇室成员

中世纪古堡 — 14

枫丹白露宫："王朝的文化资本" — 22

亨利二世与他的儿子们 — 42

枫丹白露宫和波旁王朝 — 58

路易十三与奥地利的安妮：由朴素到奢华 — 70

路易十四时期的枫丹白露宫：欧洲最大的花园 — 86

路易十五的大手笔 — 94

玛丽·安托瓦内特：新的隐私 — 102

帝国的辉煌 — 116

枫丹白露宫的新君 — 134

拿破仑三世与欧仁妮 — 146

娱乐消遣

枫丹白露宫：绝佳的外交之所 — 156

庆典和娱乐 — 162

水，大片的水 — 174

帝国记忆 — 186

中国博物馆 — 194

狩猎：国王的运动 — 204

枫丹白露：森林之堡 — 210

美国人的到来 — 216

第2-3页图 弗朗索瓦一世画廊（Galerie François Ier）的入口。
让·戈贝尔（Jean Gobert）于1639年雕刻。

第4-5页图《1713年修建后的枫丹白露宫城堡和花园鸟瞰图》（*Vue du château de Fontainebleau et de ses jardins après les travaux de 1713*）。
皮埃尔·德尼·马丁（Pierre Denis Martin）绘制。
作品忠实再现了路易十四（Louis XIV）统治末期的王室生活。

左页图 照片所示为修建于路易十三（Louis XIII）时期，著名的马蹄形楼梯的局部图。
拍摄自《枫丹白露宫殿专论》（*Monographie du Palais de Fontainebleau*）。
鲁道夫·普诺（Rodolphe Pfnor）所绘制并雕刻。

前言

“这座城堡展现了时代的样式与色彩。”如果告诉您这带着抒情色彩的语句出自拿破仑（Napoléon），您可能会深感惊讶，然而这确实是他用来形容枫丹白露宫的。拿破仑对枫丹白露宫的喜爱要甚于他对凡尔赛宫（Versailles）的喜爱，他认为后者未免浮夸，且远远超出人类想象的极致。枫丹白露宫摒弃了法国几百年历史上对于对称和统一的要求，这种创意正是拿破仑所喜爱的。他认为唯有枫丹白露宫才是“真正的帝王之宅”，实际上，几乎历任君主都在这座宫殿留下了他们生活的印记。

拿破仑在1803年首次造访枫丹白露宫。此时的宫殿已经在法国大革命期间遭到了毁坏和洗劫。与其之前的宏伟壮丽相比，此刻的枫丹白露宫更像是一个虚幻的影子。在法国大革命时期，枫丹白露宫中的家具被悉数搬到喷泉庭院（Cour de la Fontaine）变卖。壁毯、水晶枝形吊灯、珍贵的镜子，全都消失不见。许多窗户，连同窗架一起被打坏。风肆意地从这座被遗弃的宫殿里穿堂而过。白马庭院（Cour du Cheval Blanc）被一所军官培训学院所占据，昔日的鲤鱼池则被改建成学员的游泳池。

尽管如此，作为枫丹白露宫昔日荣誉的那些宏伟装饰却得以保全，宫殿的院墙依然保留了法式庭院的显赫。当拿破仑为教皇庇护七世（Pie VII）的到来寻找接待地点时，他认为唯有枫丹白露宫才配称。而自从弗朗索瓦一世（François Ier）起，这座宫殿已经接待了一批又一批的贵客。宫殿的设计师方丹（Fontaine）和大元帅迪洛克（Duroc）被任命为接待教皇一行的来访做必要的准备。仅仅19天后，准备工作就已有成效：40间主卧，200间为随行人员准备的宿舍，400间马厩，都已恢复到可使用状态。为了完成这个巨大的任务，方丹和迪洛克从皇家家具保管处（Garde-Meuble de la Couronne，现为帝国动产Mobilier Impérial）调用了大量的家具。为了解决已有家具数量不够的问题，他们一面大量采买新式家具，一面委托木匠作坊进行生产。面对运输工具不足的问题，迪洛克选派了用来运输枪支的马车将家具从巴黎

右页图 金门，文艺复兴时期城堡的主要入口。弗朗索瓦一世画廊所收藏的一幅壁画上面的圆形浮雕，约1535—1540年。

运至此处。当主教到来的时候，拿破仑在枫丹白露森林前的一片空地上为其举行了盛大的欢迎仪式。

8年后，主教再一次回到枫丹白露宫。然而，这一次他的身份却变成了一名需要严加看护的囚犯。这些年中，主教与皇帝的关系日益恶化。在1808年，拿破仑的军队征服罗马。教皇随之被捕，并被先后软禁在多地。在1812年的5月21日，拿破仑下令将教皇送回至法国，6月19日，主教被“送回”枫丹白露宫。

整整18个月的监禁生活也给了庇护七世充足的时间来欣赏这座宫殿的装饰，这些装饰或许也会勾起他对于家乡意大利的思念。在1530年至1570年间，枫丹白露宫曾迎来许多意大利籍的艺术家。艺术史家乔尔乔·瓦萨里（Giorgio Vasari，1511—1574年）在其所著的《艺苑名人传》（*Lives of the Most Eminent Painters, Sculptors and Architects*）中，甚至认为将瓦卢瓦王朝统治时期的枫丹白露宫比作“新罗马”。

弗朗索瓦一世画廊成为教皇锻炼身体的地方，这里陈列着文艺复兴时期的杰作和枫丹白露画派的作品。不知教皇可否察觉出罗索·菲奥伦蒂诺（Rosso Fiorentino）壁画中丰沛肉欲粉饰下的秘密；可曾被普利马蒂乔（Primaticcio）用来装饰弗朗索瓦一世的情妇——坦佩斯公爵夫人（Duchesse d'Étampes）寝宫中巨大的裸体女性图所展示的冰冷之美所打动？我们亦无从得知他如何看待在亨利二世（Henri II）统治期间尼科洛·德尔阿巴特（Niccolò dell'Abate）大量应用神话场景来装饰墙壁、支柱和舞会大厅（salle de Bal）拱券的行为。我们仅能凭借教皇自己日后多次的提及中推测，枫丹白露宫对他而言象征着孤单和忧伤。

这就是本书想向诸君所展示的宫殿。在近千年的历史中，这座宫殿见证了历任王朝国王与统治者的生活——卡佩王朝、瓦卢瓦王朝、波旁皇朝以及奥尔良王朝。君主们还热衷于在附近的枫丹白露森林里进行丰富多彩的娱乐活动。因此，一代又一代的君主也不断地根据他们自己的习惯来扩张整修。每一代王朝都在这座卓越宫殿的建造中留下了自己时代的印记。

——枫丹白露宫博物馆馆长 让-弗朗索瓦·埃贝尔（JEAN-FRANÇOIS HEBERT）

第10页图 从白马庭院的最远方延伸开来，马蹄形状的楼梯已成为枫丹白露宫的标志。自从拿破仑·波拿巴下令为白马庭院建立起宏伟的大门开始，马蹄形的楼梯就成为城堡的正门入口。

第12—13页图 太子门（la Porte Dauphine）。亨利四世（Henri IV）时期在椭圆庭院（cour Ovale）东侧所建的宏伟的入口。按照伊斯拉埃尔·西尔韦斯特（Israël Silvestre）在17世纪时的绘画所制作的雕塑的局部图。

百年来的皇室成员

中世纪古堡

“枫丹白露宫在1187年载入史册。”这句评价来自让·瓦图（Jean Vatout），他是诗人、历史学家、法国国王路易-菲利普（Louis-Philippe，在位时间1830—1848年）的好友。在1137年，路易七世（Louis VII）签署一份许可令，同意在瓦勒德瓦兹省（Val-d'Oise）的枫丹白露建造一座修道院。尽管这份许可令在当时并没有受到人们关注，却成为枫丹白露宫建造的最早史料。除此之外，1137年还发生了许多历史大事件。在这一年的7月，路易迎娶了埃莉诺（Aliénor），后者是阿基坦公爵（duché d'Aquitaine）和普瓦捷郡的继承人。不久后，路易的父亲路易六世（“胖子”路易）去世，路易七世登基。作为新君，路易七世展现了他对枫丹白露的喜爱，并将其作为行宫。

1137

关于路易七世登基时所兴建城堡的具体样子的记载寥寥无几，但它的轮廓如今依然依稀可见。城堡周围带有防御目的的城墙，两侧的瞭望塔，以及城墙四周也有作为防御用的壕沟大概也建于此时。数年后，在1169年，城堡内新建起一座小型教堂，用以纪念圣萨蒂南（Saint Saturnin）。虽然如今很多人都对这个名字陌生，但是在那个年代，他是基督教高卢教区的殉道者之一。教堂的建设由托马斯·贝克特（Thomas Becket）主持，他曾是坦特伯雷教区的总主教，英国国王亨利二世的前任大臣，同时也是一位非常受人尊敬的人物。由于和亨利二世发生了争执，托马斯·贝克特逃到了法国。众所周知，法国的卡佩王朝（Capétien）和英国的金雀花王朝（Plantagenêt）十几年来纷争不断。因而，路易七世对托马斯·贝克特提供的保护更像是对英国国王的抗议和反对。

当菲利普-奥古斯都（Philippe-Auguste）在1180年登基时，他也继承了他的父亲路易七世对于枫丹白露宫的热爱，并慷慨地支持圣萨蒂南教堂的建设。他的孙子、路易九世（Louis IX），也就是后来的“圣路易”，同样致力于城堡的修建工作。他的修建工作主要体现在老城堡二楼两间刻有他名字的房间里。路易九世对于枫丹白露宫的修建

右页图 中世纪城堡的一层，在路易-菲利普时期被改造成了哥特风格的门厅，即著名的圣路易门厅。

第16页图 圣路易门厅装饰有法国国王的石膏像。本图为菲利普-奥古斯都。

下图 14世纪的彩图，描绘了路易九世（圣路易）在攻占埃及曼苏拉的战争中被俘的场面。也许正是这段痛苦的经历启发他在枫丹白露宫修建一座修道院，在此他委托“圣三一囚徒救赎会”的僧侣们从异教徒那里赎回被监禁的基督徒。

第18—19页图 左侧为菲利普-奥古斯都（在位时间1180—1223年），右侧为查理五世（在位时间1364—1380年），他们的石膏像在老城堡里刚好相对。

还主要体现在，他于1259年在圣三一囚徒救赎会僧侣的建议下所修建的修道院医院上。卡佩王朝的后期君主也在枫丹白露宫的修建上花费心思。而其后瓦卢瓦王朝的君主们也是如此。在1413年的一封信件上，查理七世（Charles VII）描述了枫丹白露宫在他母亲，即巴伐利亚的伊莎贝拉（Isabeau de Bavière）指挥下的修建工程。查理七世经常被贬低为“布尔日王（roi de Bourges），以及从英国和勃艮第公爵（Bourguignons）手中重获王位的国王”。

枫丹白露宫清新的空气被认为有益于身体健康。也许正因为如此，当1348年，黑死病横扫欧洲时，生活在此处的皇室家族才得以安然无恙。除了伊莎贝拉的扩建，我们还可以在椭圆庭院的正面看到其他扩建的痕迹。在15世纪的时候，瓦卢瓦王朝的诸位君主们都没有对枫丹白露宫产生特别的喜爱。查理八世（Charles VIII）和路易七世更喜欢用他们从意大利带来的艺术品来修建卢瓦尔城堡。一直到弗朗索瓦一世，这位文艺复兴运动的支持者才开始按照自己的喜好来打造枫丹白露宫。

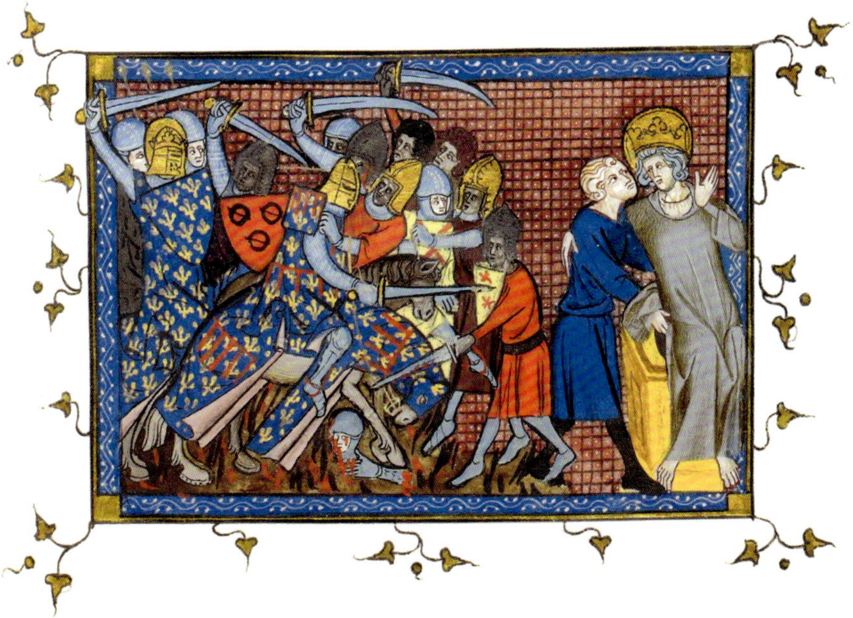

PHILIPPE AUGUSTE

SAINT LOUIS
ROI DE

枫丹白露宫：
“王朝的文化资本”

1515年1月1日，路易十二（Louis XII）去世。他的堂兄弟，昂古莱姆的弗朗索瓦（François d'Angoulême）登基，即弗朗索瓦一世。同年9月13日至14日，弗朗索瓦一世在意大利北部进行的马里尼亚诺战役中大获全胜，并以此巩固了他对于米兰公爵（duché de Milan）的支配地位。然而这场战争胜利带来的光环很快就在随后一连串的失败下黯淡。因此弗朗索瓦一世时代和后世的传记作家们在记录他的生平时，都心照不宣地强调他统治时期的另一项丰功伟绩：对于艺术的支持和发展。作为国王兼赞助人，他将法国的艺术带到了一个全新的、前所未有的高度。

弗朗索瓦一世对多种艺术形式都有浓厚的兴趣，对建筑更是格外热爱。在登基的前十几年中，他在位于卢瓦尔河谷的皇家宫殿里大兴土木，修建扩建的地点包括他度过了部分童年时光的昂布瓦斯城堡（Amboise），前任君主路易七世最爱的布卢瓦城堡（Blois），以及他从1519年开始兴建的香波堡（Chambord）。然而，从16世纪20年代中期开始，弗朗索瓦一世对卢瓦尔河谷的宫殿和城堡们逐渐失去兴趣，转而对法兰西岛的城堡宫殿情有独钟，其中最有名的就是枫丹白露宫。这座卡佩王朝时期的宫殿规模过小，不足以容纳弗朗索瓦一世和他的王朝。于是在1528年，弗朗索瓦一世决定扩建枫丹白露宫。扩建的第一步主要关于中世纪城堡，他在保留椭圆庭院的基础上对城堡进行了大范围的改建。弗朗索瓦一世下令建造金门（Porte Dorée）来取代原来前往城堡的通道，并在位于乌尔比诺（Urbino）的杜卡莱宫（Palazzo Ducale）的启发下新建了凉廊。接下来，他收回了路易七世为僧侣所修建的修道院，并用所获得的额外空间兴建了一座大庭院，即白马庭院。

第20—21页图 老城堡里的圣路易旋转楼梯。

右页图 从马蹄大厅望向弗朗索瓦一世画廊。

第24页图 弗朗索瓦一世肖像。让·克卢埃（Jean Clouet）1515年所绘。

第25页图 蝾螈，弗朗索瓦一世的象征。弗朗索瓦一世画廊木雕局部图。

第26—27页图 弗朗索瓦一世画廊的末端于1757年进行了改建，图中为所添加的两个门廊。

“国王将我带入了他的画廊，他随身携带着这间密室的钥匙……之后我所看到的，是我见过的所有画廊中最宏伟壮观的。画廊四周都镶嵌壁画，两扇窗户间都镶着古老的人物全身像。在画廊的不同位置上，都摆放有许多根据故事情节而绘制的图画，做工十分精良。”

——英国皇家特使约翰·沃洛普男爵（Sir John Wallop）
于1540年写给亨利八世的信件

右页图《皇家大象》（*L'Éléphant royal*）的局部图，收藏于弗朗索瓦一世画廊。
大象头上戴着饰有蝾螈的盾牌，也因此被认为象征着弗朗索瓦一世。
这幅画被理解成是向传统的美学致敬，自古就将大象认为是智慧和王权的象征。
第30—31页图《国家的统一》（*L'Unité de L'État*）壁毯局部图。
弗朗索瓦一世手中拿着一个象征着统一的石榴。
弗朗索瓦一世要求这6幅根据罗索·菲奥伦蒂诺的壁画及石灰装饰所仿制的壁毯必须在枫丹白露宫编织。

右页图 文艺复兴时期宫殿的入口，金门，建于1528年。独特之处在于两座凉廊在位置上一上一下，其中一座凉廊在17世纪后期关闭。

第34—35页图 16世纪时的王后寝宫。在19世纪时，以“弗朗索瓦一世沙龙”而著称。路易十四风格的家具在法兰西第二帝国时期添置。壁毯源于拜尔内特·凡·奥利（Bernard Van Orley）的系列图画《狩猎的马克西米利安》（*Chasses de Maximilien*），并由哥白林（Gobelins）工作室在路易十四统治后期织造。

白马庭院为方形庭院，侧翼修建起或正方形或长方形的楼阁。传统的中世纪城堡外的圆形堡垒被全面取代。这些改变标志着建筑上重要的新发展。修道院在城堡东翼，通过一条长廊与城堡连接。弗朗索瓦一世的改建与扩建工程从未停歇，一直持续到他统治的后期。白马庭院的南翼在兴建过程中被扩展成一个长廊。1541年，在旧时城堡原有的两层楼中兴建了一座新的礼拜堂。这项工程耗费了15年才完成。

枫丹白露宫还以无与伦比的内部装饰而闻名。借着多次征战意大利的机会，弗朗索瓦一世邀请了许多意大利艺术家前来。在1531年，他聘请了罗索·菲奥伦蒂诺，并将宫殿的内饰委托给他。罗索的杰作无可匹敌，至今仍保存在弗朗索瓦一世画廊（或称之为“大画廊”）。罗索将白马庭院的东翼与中世纪城堡中的皇家殿堂连接起来。罗索并不是唯一一位参与画廊建设的艺术家，但是他确实是整个画廊工作的总负责人。墙壁的下部装饰着由木雕大师希贝奇·达·卡尔皮（Scibec da Carpi）精心制作的细木护壁，上面处处刻有加冕国王姓氏的首字母“F”的组合图案和象征着国王的蝾螈。墙壁上部则装饰有石膏浮雕和壁画。罗索的壁画素来以佛罗伦萨风格主义著称，色彩生动明晰。同时，罗索巧妙地将寓言故事与弗朗索瓦一世及其王权的象征融入壁画中。在罗索来到枫丹白露宫的一年后，弗朗索瓦一世传唤普利马蒂乔赴法。普利马蒂乔最初在罗索手下工作。罗索于1540年去世后，普利马蒂乔接管了室内装饰的主持工作。罗索、普利马蒂乔与曾和他们一道工作的意大利、佛兰德斯和法国的艺术家们共同开创了枫丹白露派。借由他们创作的雕塑，枫丹白露派很快享誉欧洲。弗朗索瓦一世将法国打造成具有影响力的艺术中心的愿望终于得以实现。同时，枫丹白露宫也成为法国的“王国的文化资本”。

左页图 弗朗索瓦一世沙龙的壁炉墙上的石灰浮雕和壁画。
圆形浮雕所描绘的是维纳斯与阿多尼斯的婚礼。
上图 奥德赛多宝柜（le cabinet de l'Odyssée）上的17世纪的雕刻。
因其雕饰再现了从前尤利西斯长廊上的《奥德赛》画作的场景，故而得名。
第38—39页图 国王楼梯上的装饰，曾是弗朗索瓦一世的情妇、坦佩斯公爵夫人的寝宫。圆形浮雕上的图片为《阿佩莱斯为亚历山大和坎帕斯作画》(*Alexandre et Campaspe peints par Apelle*)。

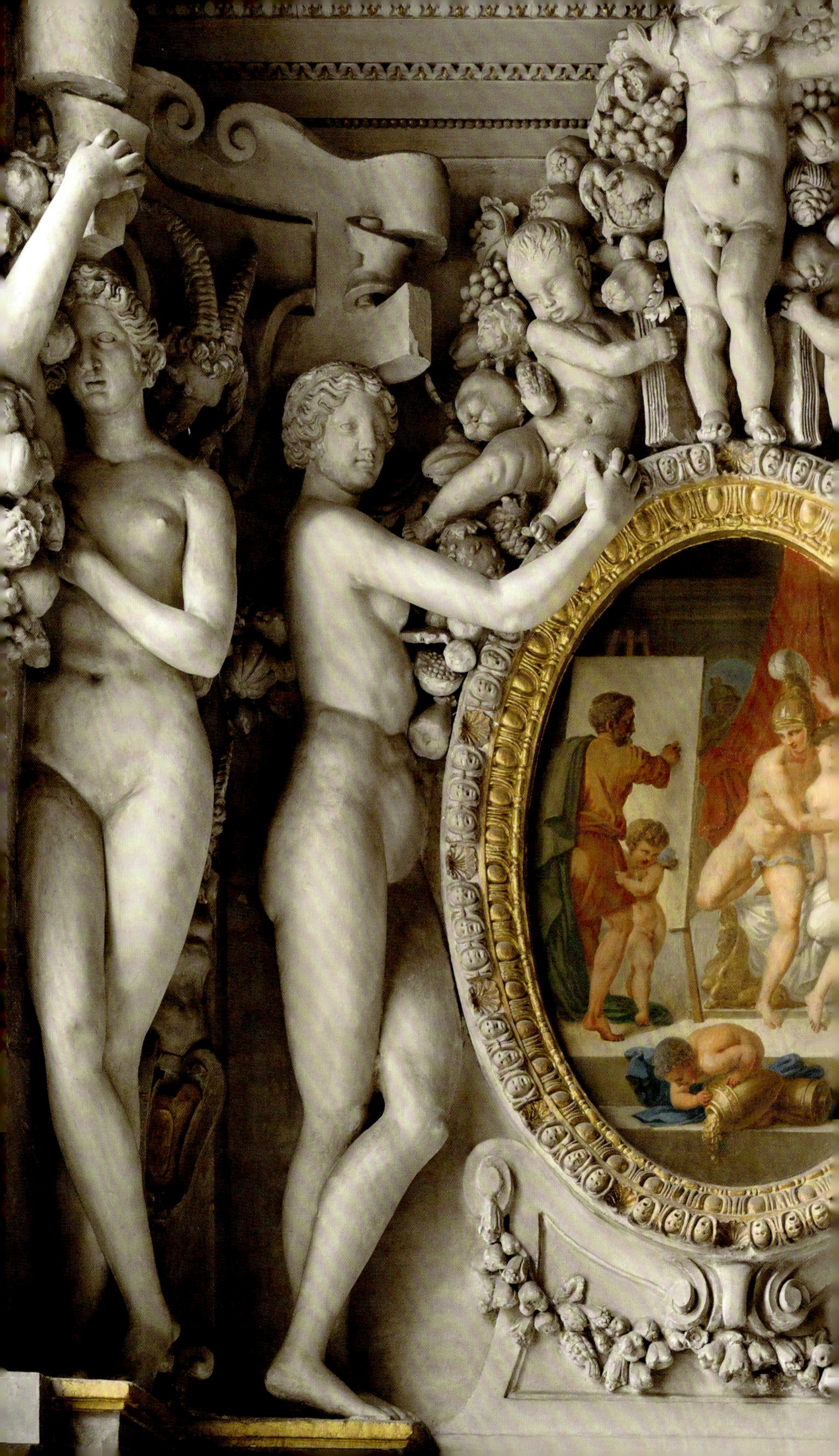

左页图 位于椭圆庭院的塞里奥柱廊（Portique dit de Serlio），
以其建筑师塞巴斯·塞里奥（Sebastiano Serlio）的名字来命名。
曾被亨利四世下令移除，在19世纪末期得以重建。重建后的柱廊已与原来建筑师的作品无任何关联。
上图 掩映在花园中的圣萨蒂南教堂后殿，由罗比塔（Robit）于1812年建造。

亨利二世与他的儿子们

1547年3月31日，弗朗索瓦一世的次子登基，即亨利二世（Henri II）。这位28岁的新君，接受过极好的教育，并精通艺术。而亨利二世本人随后的举措更是向大家证明他也擅长建筑。卢浮宫（Louvre）是他登基之后兴建的第一座建筑，但显然不是唯一的一座。随之，他的兴趣点转移到了枫丹白露宫。菲利贝尔·德洛姆（Philibert Delorme）接替普利马蒂乔成为总管。这样后者可以专注于宫殿的内饰，最终将曾经在图纸上的一个个设计变为现实。在弗朗索瓦一世后期，装饰工作主要集中在位于金门与圣萨蒂南教堂之间的一座顶部建有凉廊的建筑上。亨利二世时期，原有的装饰计划被取代，凉廊被改造成了舞会大厅——这个名字一直被沿用至今。其中的彩绘装饰由意大利艺术家尼科洛·德尔阿巴特完成，他于1532年由自己的故乡蒙德纳（Modena）来到法国。在曾经的修道院的院子尽头，德洛姆修建了一架特别的楼梯，并以其马蹄形的造型而举世闻名。

1559年，亨利二世英年早逝。他在为庆祝自己女儿伊丽莎白（Élisabeth）与西班牙国王腓力二世（Philippe）结婚庆典而举行的比武中遇刺，受到了致命伤。他的意外离世也延缓了枫丹白露宫修建的进度。在弗朗索瓦二世短暂的统治之后（在位时间1559—1560年），查理九世登基（在位时间1560—1574年）。登基时查理九世尚未成年，因而由亨利二世的遗孀凯瑟琳·德·美第奇（Catherine de Médicis）摄政。凯瑟琳解雇了德洛姆，任命普利马蒂乔为皇家建筑的主管。后者一直担此重任直到他在1570年离世。他为枫丹白露庭院的城堡二层处增加了一间翼楼，可以通过两座对称又相对独立的外部楼梯进入。在取材上，普利马蒂乔使用了方琢石，来取代弗朗索瓦一世时代所使用的毛石。让-皮埃尔·萨莫约（Jean-Pierre Samoyault）将此认为是“宫殿建筑上的一次革命”。当罗马树立起一座马可·奥里利乌斯（Marcus Aurelius）的骑马雕像后，普利马蒂乔也在庭院里仿制了一座白马的石膏雕像，白马庭院也因此得名。

右页图 舞会大厅本意设计为露天凉廊。图片为弗朗索瓦·德布雷（François Debret）于19世纪所绘。

第44—45页图 凉廊的修建始于弗朗索瓦一世，在亨利二世时期被改建成舞会大厅。其中壁画由尼科洛·德尔阿巴特和他的团队根据普利马蒂乔在1550至1558年之间创作的绘画而编织。

“天花板的绚烂和壁画的富丽使人眼花缭乱。天花板镶有金银堆砌出的八角形雕饰，比宝石的镂刻还要精细。壁画从巨大的壁炉器一直延展至礼堂另一端和礼堂等宽的音乐台。壁画上是由新月和箭筒环绕的法兰西国徽。”

——古斯塔夫·福楼拜（GUSTAVE FLAUBERT），
《情感教育》（*L'Education sentimentale*），1869年

右页图 舞会大厅的地板、护壁和天花板全部由木雕大师希贝奇·达·卡尔皮完成。他曾参与弗朗索瓦一世画廊的雕饰工作。

第48—49页图 19世纪舞会大厅的浪漫风景。由罗比塔创作。实际上图中所展示的这些壁画早在亨利时期就需要必需的修复，直到19世纪，在路易-菲利普的提议下，全部壁画才得到修复和补色。舞会大厅的地板也被重新设计了，新的地板与天花板上的八角形雕饰相互呼应。

上图、右页图和第52—53页图 管风琴台和通往圣萨蒂南教堂楼上的门在亨利二世时代开始修建，
而墙壁和天花板的装饰则在亨利四世时期进行。
拿破仑·波拿巴将教堂上部改造成图书馆，
随后拿破仑三世（Napoléon III）将图书移入戴安娜长廊（galerie de Diane）。

VETVSTATE LABENS
HENRICVS II DEI GRATIA FRANCORVM REX CHRISTIANISSIMVS

下图 圣萨蒂南教堂外部图的上下两部分，由罗比塔雕刻。

右页图 圣萨蒂南教堂内部上下层分区，由罗比塔雕刻。

仅凭深厚的艺术修养还不足以有效地统治王国，这一点在1562年显得格外明显。那是至关重要的一年。天主教徒与新教徒之间的紧张关系发展至激烈的冲突，并引发了随后持续30年的残酷的宗教战争。在这期间，只有短暂的和平。1565年，在这场暴力的国内动乱中，皇室的权威不断受到有权势的贵族的挑战和侵蚀。在此背景下，凯瑟琳·德·美第奇要求普利马蒂乔在城堡周围挖一条带有防御功能的壕沟。在此阶段，城堡并没有任何扩建工程。与弗朗索瓦一世和亨利二世时期在建筑和艺术方面取得的发展不同，枫丹白露宫在这一时期的发展几乎陷入了停滞的状态。在1574年，查理九世的兄弟即位，即亨利三世（Henri III）。15年后，年轻的君主被雅克·克莱姆（Jacques Clément）暗杀，后者是一位狂热的多明我会修道士。作为瓦卢瓦王朝最后一代子孙，亨利三世指派纳瓦拉的波旁亨利作为继承者，即亨利四世。作为新教徒，亨利四世竭力在这个天主教信仰盛行的王国里强化自身王权。尽管他从1593年开始，就不断地造访枫丹白露宫，在此期间却没有施行任何新的建筑工程。而对于在法国纳瓦拉的皇家城堡，亨利四世都没有进行任何维护工作，更不必说对位于西班牙的皇家城堡了。原因也显而易见，一些对亨利四世充满敌意的法国人竟然去寻求西班牙人的支持。

1 2 3 4 5 6 12 18 24 30

上图和右页图 19世纪美炉翼楼（aile de la Belle Cheminée）照片以及雅克·安德鲁埃·杜塞奥（Jacques Androuet du Cerceau）于1579年绘制的《俯瞰喷泉庭院的壁画》(*Face dans la cour de la Fontaine*)。美炉翼楼在查理九世时期建造，并被认为是法国文艺复兴时期结束建筑之一，是融合了此时期法国和意大利建筑风格的代表。壁柱和壁龛的排列方式使建筑正面充满活力，又配有分散的双翼楼梯。这样的建筑可以毫无争议地借用安德鲁埃·迪.·塞尔索作品集的标题来形容，即“法国最卓越的建筑”(*Les plus excellents bâtiments de France*)。

"法国最卓越的建筑。"

雅克·安德鲁埃·杜塞奥于1579所绘

枫丹白露宫和波旁王朝

左下图 雄鹿长廊（la galerie des Cerfs）窗玻璃上亨利四世的首字母组合图案。

右下图 通向圣路易第二大厅（la deuxième salle Saint-louis）大门上的局部图。

右页图 在16世纪时，枫丹白露宫为国王的寝宫，随后在波旁王朝时期，为国王的接待室。圣路易第二大厅收藏着由马蒂厄·雅凯（Mathieu Jacquet）所制的著名的亨利四世骑马的浅浮雕。雕塑是为装饰下面精美的壁炉而特意设计的。这座壁炉之精美使得其所在的侧殿被命名为“美炉翼楼”。

身为英勇的军事领袖和精明的政治家，亨利四世意识到他在战场上的胜利并不足以将法国团结起来。法国大部分民众笃信天主教，在他们眼中，亨利四世的新教信仰依然是无法跨越的绊脚石。对于亨利四世而言，若想巩固自己的王位，除了皈依天主教，似乎别无选择。借用他忠实的朋友苏利的话就是“为巴黎做一场弥撒是值得的”。（Paris vaut bien une messe.）在1593年7月，亨利四世在圣但尼（Saint-Denis）举行了皈依仪式，这也为他在次年2月的加冕礼铺平了道路。几乎历代法国国王的加冕礼都在兰斯大教堂(Reims)举行，然而由于此时兰斯由敌人占领，亨利四世的加冕礼只好选在沙特尔大教堂（Chartres）举行。亨利四世皈依天主教的举动为他赢得了法国民众的支持，他终于可以与巴黎的天主教徒协商，并在1594年3月22日，进入巴黎。亨利四世在1598年取得了完全的胜利，他颁布了《南特敕令》(*L'édit de Nantes*)，承认天主教和新教的信仰自由。亨利四世终于成了法国实际上的统治者。

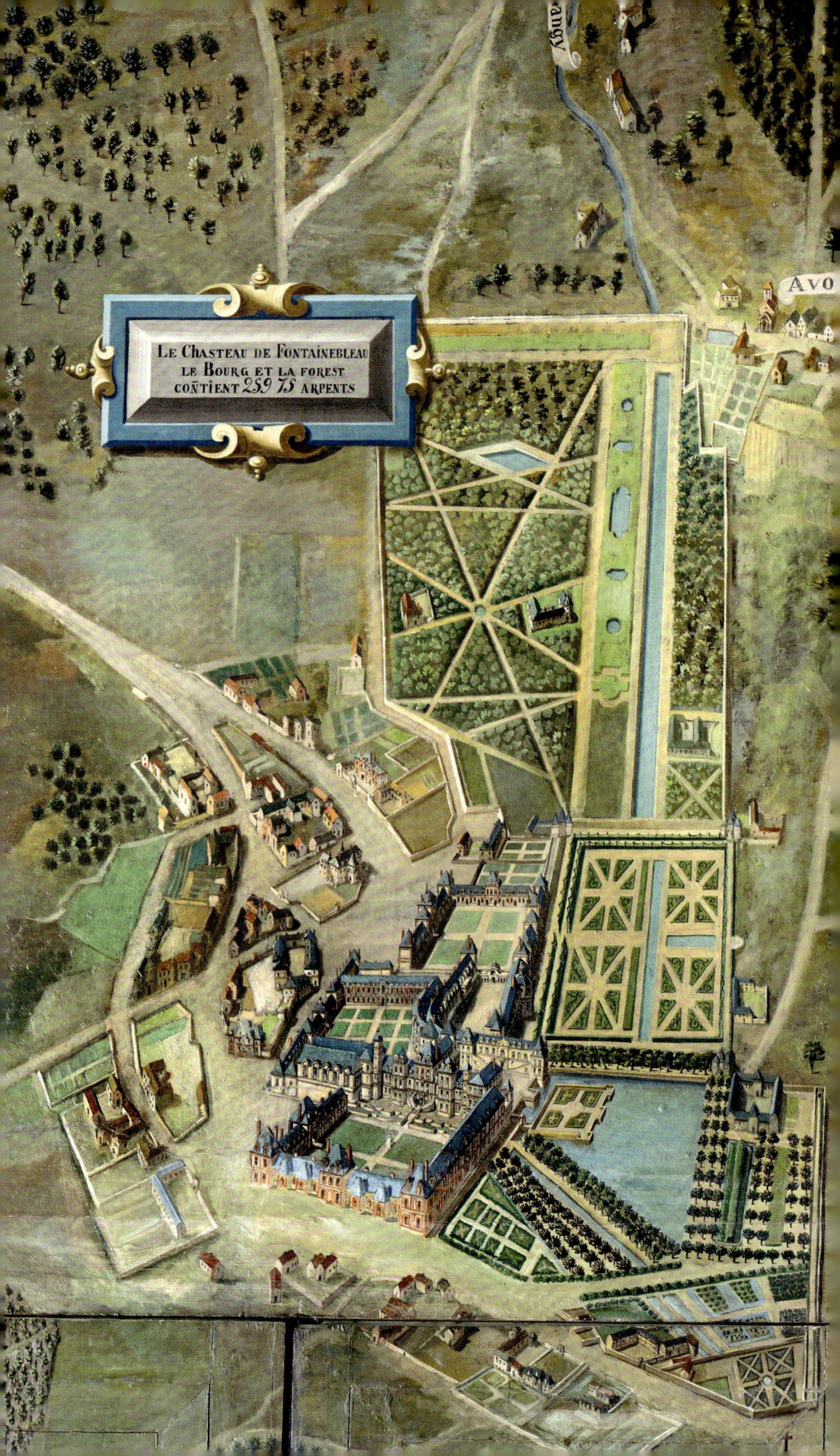
LE CHASTEAU DE FONTAINEBLEAU
LE BOURG ET LA FOREST
CON̄TIENT 259 75 ARPENTS
Avo

第60页图 雄鹿长廊建于亨利四世时期，长74米、宽7米，饰以皇室成员和狩猎森林的画像，
并在对着花园的一侧装饰雄鹿的头颅。在18世纪时，曾被改建成皇室成员的额外公寓。
19世纪，拿破仑三世下令将其复原。

第61页图 戴安娜喷泉。亨利四世时期于戴安娜花园所建。

左页图 从雄鹿长廊一端看去的枫丹白露宫。

上图 雄鹿长廊的入口。“镰刀大盗”（Scythe écorcheur）雕塑的背面。
此雕塑建成于18世纪，为公元前3世纪一座希腊雕塑的仿制品。

“我们伟大的国王亨利四世将这座居所扩建装潢，好于原来百倍，我们已经无法看出它之前的样子了。这还不够，国王打算把原有的小村子扩建成小镇，这里已经有30座房子了。但是来看看这些房子！也许我们说30座宫殿更为恰当。为了取悦国王，王子、主教和贵族纷纷在这里建造宫殿。简而言之，这里简直是法国的小天堂！”

——皮埃尔·德·布德尔（PIERRE DE BOURDEILLE）
《回忆录：杰出人物的生活》（*Mémoires : vies des hommes illustres et des Grands capitaines*），1665年

vue generale du chateau de fontainebleau prise a vue d'oiseau

tel quil etoit en l'an 1602 sous Henry IV

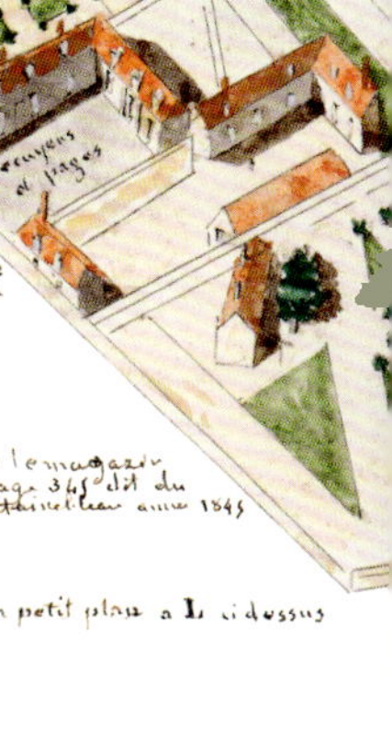

A La fontaine de Persée

B La fontaine de la Diane

C la fontaine du Tibre

D E F G les quatre fontaines du Grand Jardin

H I les deux fontaines de la Basse Cour du Cheval Blanc

K la fontaine de la Cour des Offices

L source de la fontaine de fontainebleau

hidee a fontainebleau page 85 des tresors et merveilles de fontainebleau ouvrage du R pere Dan 1642 a la bibliotheque de compiegne

L cette source de la fontaine de fontainebleau a laquelle on doit la construction du chateau de fontainebleau est basse l'on y descend par trois marches elle est enclose par huit pans coupés formants bassin de huit pieds de diametre en pierre henry IV la fait reparer et orner ainsi, il trouva peinte dans la voute la forme de grotte l'histoire de cette source trouvée par le chien bleau

voir ce que le magazin universel page 345 dit du palais de fontainebleau anne 1845

Plan de la fontaine de fontainebleau voir son petit plan a L ci dessus

第64—65页图 台伯喷泉（la fontaine du Tibre），左侧。建造于1603年。而建造枫丹白露宫和花园的计划始于1614年。图片所摄为米迦勒·拉纳（Michel Lasne）根据托马索·弗兰奇尼（Tommaso Francini）所绘而创作的雕塑。

上图 本雕刻按照从左向右的顺序依次展示了鸟笼长廊、雄鹿长廊、王后长廊，以上都建造于亨利四世时期。

右页图 卫戌厅中的大理石壁炉架上展现的设计元素分别为：原在亨利二世寝宫中的大型框架；马蒂厄·雅凯为美炉翼楼所创作的两尊石雕，分别为《仁爱》（*La Clémence*）、《和平》（*La Paix*）；亨利四世的半身像，原放置于鸟舍长廊中。

亨利四世同代人和后世的历史学家们都乐于把他和他的前任君主们进行比较。而亨利四世大多处在不利的地位，特别是瓦卢瓦王朝的君主们尤其擅长的文化领域。虽然我们无法否认瓦卢瓦王朝是整个欧洲最复杂的一个朝代，也无法否认亨利四世在战场上的赫赫功勋以及粗野的举止，但是我们也必须同样注意到亨利四世在艺术，特别是建筑上也颇有造诣。这一点从他对枫丹白露宫的修建和装饰上就可窥得。亨利四世首先着手改造的是老城堡和其所在的椭圆庭院，他在庭院东侧的墙上开设了新的大门。亨利四世对于可以俯瞰整座白马庭院的那座宫殿采取了改建。然而，亨利四世在皇后花园的三侧都修建了翼楼，可惜如今只有一处尚在。在这座仅存的翼楼里，底层是雄鹿长廊，二层是戴安娜画廊。为纪念狩猎女神戴安娜，花园中还特别修建了一座喷泉。在新建的通往椭圆庭院的大门对面，刚好在普利马蒂乔开凿的带着防御功能的壕沟上面，亨利四世新修了一所庭院，即办公庭院（cour dite des Offices）。

FORCE

左页图 路易十三沙龙护壁的局部图，在正中部位，分别代表亨利四世与他的王后玛丽·德·美第奇名字首字母的H的组合图案和M的组合图案交织在一起。

上图 牝鹿长廊一处雕塑的局部图。牝鹿长廊与雄鹿长廊平行，建于亨利四世时期。

亨利四世也下令进行室内装饰，主要任命了以下几位艺术家负责。他们分别是生于安特卫普的画家安布卢瓦兹·蒂布瓦（Ambroise Dubois），巴黎画家图桑·迪布勒伊（Toussaint Dubreuil）和马丁·弗雷米内（Martin Fréminet），以及法国的雕塑家马蒂厄·雅凯和巴泰勒米·特朗布莱（Barthélémy Tremblay）。经过历史的考验，这些艺术家被认为是第二代枫丹白露派的代表。正如第一代枫丹白露派的杰出前辈一样，他们的作品也通常带有象征性。这种创作手法被认为是法国艺术家对于意大利风格的演绎。王室公寓的部分房间按照新的主题重新进行了装饰。王后的盥洗室（Cabinet de la Reine）里悬挂着安布卢瓦兹·蒂布瓦根据“克洛琳德的故事”（Clorinde）创作的组画，椭圆寝宫（Chambre Ovale，后被重命名为路易十三沙龙，Salon Louis XIII）则装饰以蒂布瓦根据“戴阿热纳和沙丽克蕾的爱情”（Théagène et Chariclée）所创作的组画。

现在，我们来看看体现亨利四世装修的最后一个方面。亨利四世充分认识到自己在引领法兰西王国重回和平时代过程中所取得的成功，以及在开启新王朝中的重要作用。于是，同他前任们一样，亨利四世也异常慷慨地在宫殿里添加他的首字母组合图案和肖像。关于这一点，我们可以在普利马蒂乔在查理九世时期所建但彼时并未装修的翼楼里找到证据。在亨利四世时期，这座翼楼里新添加了一个马蒂厄·雅凯专门为亨利四世雕刻的精美壁炉，并因此赋予了这座翼楼新的名字，即“美炉翼楼”。后来壁炉被拆除了，上面描绘亨利四世骑马的浅浮雕被移至圣路易第二沙龙。这座新翼楼里的房间也被重新装修，雄鹿长廊上装饰着皇家宫殿和森林的绘画，王后长廊饰有赞美国王以及统领军队大捷时的绘画。在亨利四世时期，枫丹白露宫与卢浮宫一道，成为主要展现统治者艺术和文化雄心的中心。

路易十三与奥地利的安妮：由朴素到奢华

路易十三于1643年5月14日去世。在他的葬礼中，他被赞誉道，“不曾因作君王而骄傲，亦不曾贪恋世上的浮华”。这个评价客观且中肯。在艺术领域，路易十三并不是一个热爱炫耀与浮华的赞助者。虽然如此，但从童年时代起，路易十三就对艺术产生了浓厚的兴趣，并格外喜爱枫丹白露宫的三一礼拜堂（la Trinité de Fontainebleau）里面马丁·弗雷米内的绘画。在他统治时期，他特别喜爱蜡笔画像，并拜皇家首席宫廷画师西蒙·武埃（Simon Vouet）和亨利·博布伦（Henri Beaubrun）为师。在巴黎之外，圣日耳曼昂莱堡（Saint-Germain-en-Laye）是他最喜欢的宫殿，当然这不是说他不喜欢枫丹白露宫。在他的统治时期，今日标志性马蹄形楼梯在让·安德鲁埃·杜塞奥的主持下完成，后者的祖父是雅克·安德鲁埃·杜塞奥，凭借作品集《法国最卓越的建筑》而名声大振。除此之外，让·戈贝尔还完成了三一礼拜堂的内饰，并为马蹄大厅（Vestibule du Fer à Cheval）更换了门和木雕。马蹄大厅既可以通往礼拜堂中的皇家画廊，又与弗朗索瓦一世走廊相连接。

路易十三刚刚过世，奥地利的安妮（Anne d'Autriche）就从阴影和缠绕着她的宫廷阴谋中走出来。彼时路易十四尚未成年，奥地利的安妮作为母后和摄政王，在枢机主教马萨林（Cardinal Mazarin）的支持下，迅速展开了对于皇权的有效维护。在枫丹白露宫，她委任设计师们开展了几项大的工程。首先，为皇后寝宫装饰了富丽堂皇的木质天花板。旋即，她下令在一处名曰火炉亭的位置上建造新寓所。奥地利的安妮喜欢奢靡铺张的装修风格。她喜欢稀有且豪华的装饰，搭配以雕塑、镀金的蔓藤花纹，以及色彩明快的怪诞图案。她寝宫里的家具上垂着金布，而椅子上则更是搭配有镶着银花的金布。此外，她将通往戴安娜画廊前厅的装饰项目委托给了西蒙·武埃，也充分地展现了她的艺术品位。

右页图 法国王后，奥地利的安妮肖像，彼得·保罗·鲁本斯（Peter Paul Rubens）所绘。

第72—73页图 大沙龙（le Grand Salon）中所悬挂的壁毯描绘的是亚历山大大帝（Alexandre）的故事，由夏尔·勒布伦（Charles Lebrun）所绘，并交由哥白林厂进行编织。图中壮观的水晶枝形吊灯来自杜伊勒里宫（Tuileries）。

上图和右页图 大沙龙的屋顶上饰有代表各个星球的神话人物。
太阳的代表阿波罗，驾驶着他的战车，位于中位。
这一套天花板由安布卢瓦兹·佩雷（Ambroise Perret）在1558年雕刻，最初用来装饰亨利二世的寝宫。
在1660年，这套天花板被取下，并重新安装在奥地利的安妮的寝宫里。
图中饰有博韦毯的椅子则是在19世纪初叶由宫廷御匠雅克-迪斯马特（Jacob-Desmalter）所制。

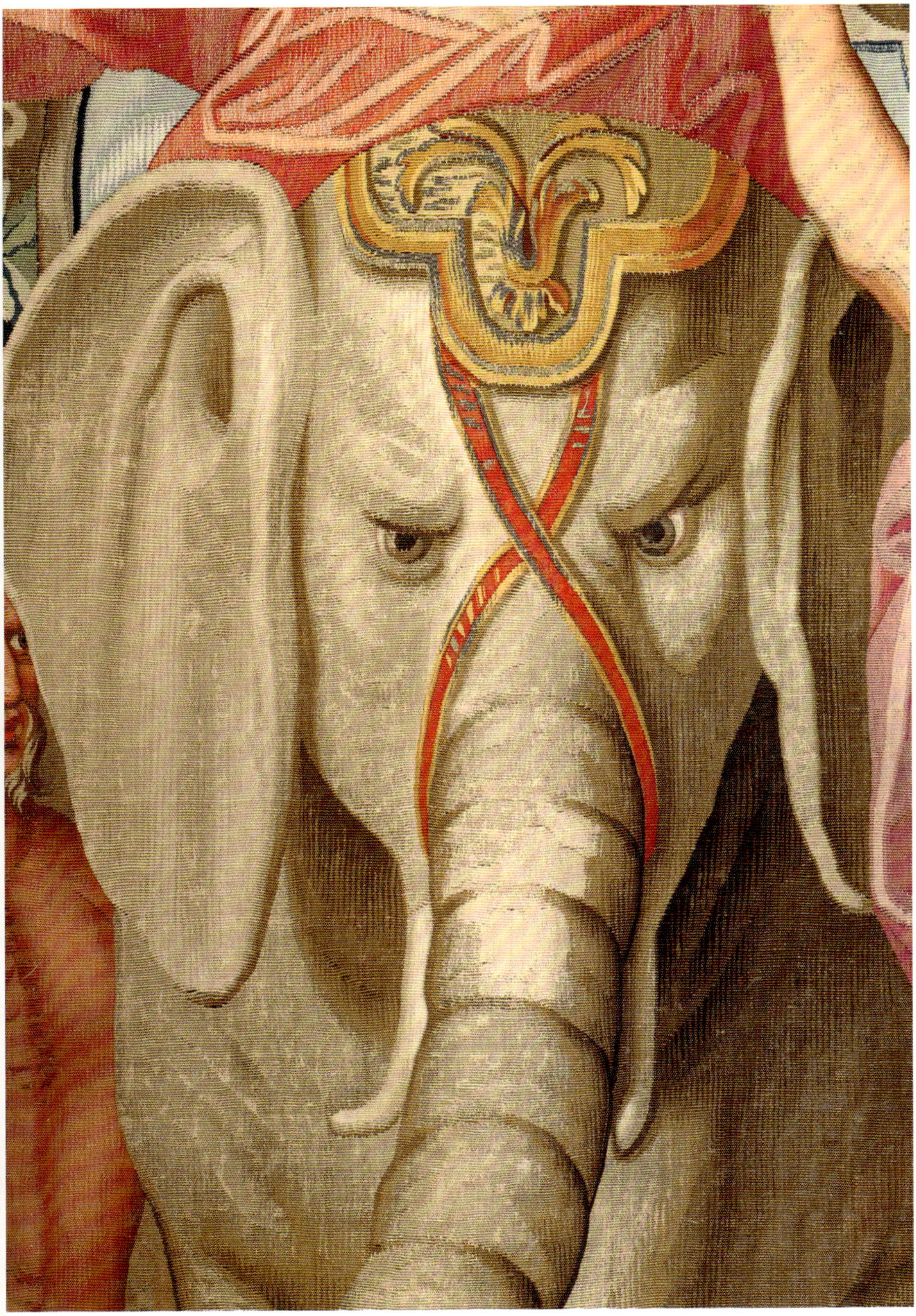

左页和上图《战神的胜利》(*Triomphe de Mars*)壁毯局部图，由哥白林厂于17世纪末编织。
《战神的胜利》为《诸神的胜利》系列壁毯中的一幅，该系列共有8幅。
全部由诺埃尔·夸佩尔（Noël Coypel）绘制，并交由哥白林厂编织。
有趣的是，夸佩尔的创作灵感来自文艺复兴时期意大利的一幅壁毯，
而这幅壁毯则被认为是以拉斐尔（Raphaël）或者其学生的画作编织而成。

上图和右页图 奥地利的安妮寝宫装饰品的平面图，由鲁道夫（Rodolphe Pfnor）所绘制。右页是奥地利的安妮的肖像，由吉尔伯特·德·塞夫（Gilbert de Sève）所绘。

第80—81页图 奥地利的安妮寝宫的天花板上刻有她名字首字母A双写的组合图案。“双A”的标志以及天花板上镀金和多彩的蔓藤花纹都是由夏尔·埃拉尔（Charles Errard）和让·科泰勒（Jean Cotelle）于大约1660年所雕刻。

上图 三一礼拜堂大理石路面的局部图，由弗朗西斯·博尔多尼（Francesco Bordoni）所绘。

右页图 三一礼拜堂。建于弗朗索瓦一世和亨利二世时期。

在1608至1642年期间重新装修。

第84—85页图 礼拜堂天花板经由亨利四世下令装修，

并由艺术家马丁·弗雷米内设计并监督施工。

中心部分描绘的是基督面对最后的审判。

路易十四时期的枫丹白露宫：欧洲最大的花园

下图 大花园向着运河走向的鸟瞰图。运河两侧都有船只，但是对于运河自身的大小来说，船只数目有些过多了。

右页图 侧躺着的台伯的雕塑点缀着大花园中的圆形池塘。此雕塑现为仿制品，原品在法国大革命期间被损毁。

第88—89页图 专供国王娱乐而设计的贡多拉（两头尖的长平底船）。借由从后面的瀑布倾泻的水流，皇室的船只可以在运河上荡漾。大花园在这幅素描图的上部，宫殿在右侧。

1661年3月，枢机主教马萨林去世。随着他的离世，时年22岁的路易十四宣布不再设置宰相，并开始亲政。同年，他入主枫丹白露宫，并任命安德烈·勒·诺特（André Le Nôtre）重新设计大花园（Grand Parterre）。大花园四周种植的植物将摆放出他名字首字母的“L”和王后玛丽亚·特蕾莎（Marie-Thérèse）名字首字母“M”的形状。在花园东部地势稍高的位置，安德烈设计了一个圆形池塘，并将亨利四世时期所建造的台伯喷泉雕像移入池塘的正中。可惜，这些新添置的绿植和水景所带来的诱惑并不长久，路易十四很快就将注意力转回至他最喜爱的宫殿——凡尔赛宫。尽管如此，枫丹白露宫也还是展开了一些新工程，不过大部分都是出于功能性和行政性的需要，比如为国务大臣们准备的住宿和马厩。对于枫丹白露宫来说，更大的改变都是在路易十四统治晚期进行的。

左下图 路易十四风格的椅子上所覆盖的一幅17世纪末期风格的壁毯的细节图。在拿破仑三世时期被放置于此。

右下图 曼特农侯爵夫人公寓中的沙龙或者说会客厅。

右页图 法兰西第二帝国时期的塞夫勒瓷花瓶（Sèvres），上面描绘着17世纪的淑女。

第92—93页图 曼特农侯爵夫人公寓中的寝宫。床是由路易十五的女儿伊丽莎白夫人（Madame Élisabeth）所添置的。而17世纪末或18世纪初，布勒（Boulle）镶嵌工艺的梳妆台则是在路易-菲利普时期所得。

在1685年，玛丽亚·特蕾莎去世两年之后，路易十四迎娶了曼特农侯爵夫人（Mme de Maintenon）。由于门户悬殊，这段婚姻当时是秘密的，并没有像通常一样，授予皇家新娘任何头衔和特权。然而，国王下令在枫丹白露宫金门之上的位置为曼特农侯爵夫人建造一座行宫。虽然在路易十五（Louis XV）王朝开启的那年夏天，行宫中曼特农侯爵夫人的寝宫装修风格被彻底替换，但是书房和沙龙的风格却得以完整保留，而书房和沙龙在最初是作为曼特农侯爵夫人寝宫的。太阳王统治的后期，位于凡尔赛宫的几项工程都重新动工，国王本人更是多次给设计师写信并参与修改凡尔赛宫中一处花园的设计，即《修建凡尔赛宫花园的方法》（*Manière de montrer les jardins de Versailles*）。从这些书信中，我们也不难发现国王监督了枫丹白露宫花园的整个重新设计，并将大花园扩建成整个欧洲同类花园中规模最大的一个。令人惋惜的是，在国王统治的末期，他的力量逐渐削弱，大花园日益增长的绿植也被他遗忘了。

路易十五的大手笔

终其一生，路易十四都清醒地意识到维持皇家尊贵身份的重要性，他也因此欣然接受在履行国王责任过程中遇到的种种不便。他深信自己应当将全身心奉献给自己的臣民，太阳王同时也愿意严格遵守所有的宫廷礼仪。然而这种气度并没有在他的孙子路易十五身上得到传承。蒂埃里·比尼斯蒂（Thierry Binisti）在其执导的电视剧中，将这位徒有其名的君主比作“黑太阳”。与他的祖父截然相反，路易十五视宫廷礼仪为累赘和繁重的责任。因而，他在承担其日常起居的大房间旁边新建了一组小的私人房间，在此，他可以摆脱掉宫廷生活的烦恼和约束。

如同在凡尔赛宫中一样，在枫丹白露宫，路易十五依旧热衷于改建房间。在18世纪30年代末期，他在宫殿一楼增加了一些小房间。他特别喜爱这些小房间，并且多次对其翻新和装修。很遗憾的是，这些小房间并没能保存下来。对原来那些大的房间，他也进行了大刀阔斧的改造。国王房间里的装饰一直都与时俱进，房间的布局也一直随着时代审美的趋势而改变。王后房间的装饰也紧跟时代的步伐。然而这些房间并不是建筑师才华唯一得以展示的地方。他们在王子庭院（la cour des Princes）加了一座翼楼，用以供朝臣们住宿。此外，始建于亨利二世时期的文艺复兴艺术杰作——著名的尤利西斯长廊被拆除，在其原址上所建造的路易十五翼楼（l'aile Louis XV），如今依然可见。路易十五翼楼由建筑师雅克·加布里埃尔（Jacques Gabriel）和他的儿子安格-雅克·加布里埃尔（Ange-Jacques Gabriel）主持修建，加布里埃尔父子都是国王的首席建筑师。这座翼楼和取代了弗朗索瓦一世时代壁炉楼阁的大楼阁（Gros Pavillon）——两座被彻底翻新的楼宇，一起见证了路易十五时期建筑上的“大项目”。然而，随后的战争使皇室资金紧张，其他的项目也再无机会问世了。

右页图 通向会议室的大门，上面的装饰是在路易十五统治后期完成。门的上部镶嵌着一句箴言“Ditat et ornat”，大致意思是“国王让这间房间蓬荜生辉”。

第96—97页图 法兰西第一帝国时期的会议室。

第98页图 玛丽·蕾捷斯卡（Maria Leszczynska）的肖像，背景正是枫丹白露宫。由（老）让-巴蒂斯特·马丁（Jean-Baptiste Martin l'Ancien，1659–1735年）所绘。

第99页图 会议室的天花板，装饰着路易十五姓名首字母的组合图案以及弗朗索瓦·布歇（François Boucher）的画作。

DITAT
ET·ORNAT

上图 尼古拉斯·兰克里特（Nicolas Lancret）作品《音乐课》（*La Leçon de musique*）复制品的局部图，
被装饰在门的上方。

右页图 拿破仑·波拿巴私人公寓中的套房，
曾为路易十四的私人房间，
在法兰西第二帝国时期完成装修，饰以路易十四细木护壁。

玛丽·安托瓦内特：新的隐私

1770年5月16日，奥地利大公夫人，玛丽·安托瓦内特（Marie-Antoinette）与路易十五之孙、法国王太子路易十六（Louis XV）的婚礼在凡尔赛宫举行。不久之后，年轻的玛丽·安托瓦内特就意识到她已经远离童年时期在维也纳所感受到的温暖和家庭氛围，取而代之的是法国宫廷生活的冰冷刻板。

鉴于皇后在枫丹白露宫的寝宫没有任何隐私，路易十六专门命人为玛丽·安托瓦内特建造了两间闺房，其中第二间闺房要晚于第一间10年。这两间闺房彼此叠加，结构复杂又相通，堪称在这片巨大的皇宫中彰显皇后私人品位的绝佳示范。

玛丽·安托瓦内特的土耳其闺房设置在她寝宫的上层，这是路易十六送给她的礼物。该闺房的装修风格兼收并蓄，融汇了时代的特色，其中头巾、珠宝箱、香炉、珍珠串、新月和玉米穗都参照了土耳其风格。然而，这些18世纪风格的家具在法国大革命期间都消失不见了，一组雅各布（Jacob）在1805年为约瑟芬皇后（Joséphine）所打造的巨大奢华的家具目前正在修复中。

在寝宫的下层，是皇后闺房或者说是银色闺房，位于国王寝宫与皇后寝宫的中间（国王的寝宫在1808年被改造成拿破仑的御座厅）。在1786年，卢梭兄弟采用新古典主义风格，对皇后闺房进行了豪华的装修。他们为房间里装饰了圆柱体书桌和厄泽纳（Rousseau）设计的带着珍珠层渡槽的桌子，这些家具于1960年重新归置于枫丹白露宫。在1786年，路易十六、皇后玛丽·安托瓦内特和其他王室一起下榻在枫丹白露宫，这也是他们最后一次来到枫丹白露宫。

右页图 玛丽·安托瓦内特四柱床的细节。由奥尔（Hauré）在1787年专门为皇后的寝宫进献，从1805年开始使用，约瑟夫皇后是首位使用者，后被玛丽·路易莎（Marie-Louise）皇后所用。现在依然可以在圆形浮雕上看到玛丽·安托瓦内特的首字母组合图。织物是一件皇家家具保管处在1790年采买的织物复制品，从1805年开始，就被挂在床头。

上图 玛丽·安托瓦内特的洗脸台，由橱柜匠纪尧姆·贝尼曼（Guillaume Beneman）根据约瑟夫·斯托克尔（Joseph Stöckel）的设计，于1786年所打造。

左图和右页图 用以装饰皇后寝宫的织物图案。布雷西亚紫罗兰大理石壁炉以及精心雕琢的壁炉支架是在18世纪时为玛丽·蕾捷斯卡所安装的。而枝状大烛台和时钟则可追溯至法兰西第一帝国时期。

第106—107页图 贝尼曼（Beneman）洗脸台装饰的细节图。正中是一枚“塞夫尔瓷（Sèvres）”材质的圆形浮雕，其主题为“虚伪的爱”（l'Amour comédien），浮雕两侧是相互交错的植物图案。

“对于枫丹白露宫的拜访给他们的节日和娱乐活动带来了快乐，他们喜欢彼此善意的幽默和智慧。枫丹白露宫的精髓在于，对于产生争执的人来说，只要他们同时出现在枫丹白露宫，他们就会彼此和解。”

——节选自让利斯夫人在1818年拜访枫丹白露宫的皇室家庭时所写的《礼仪精神》（*De L'esprit des étiquettes*）

第108—109页图 皇后闺房的装饰由建筑师皮埃尔·马里耶·鲁索（Pierre Marie Rousseau）为玛丽·安托瓦内特设计。门上的高石膏浮雕描绘了巴黎九位女神中的八位。在房间的正中放置着让-亨利·里厄泽纳（Jean-Henri Riesener）于1786年用钢铁、镀金青铜和贝壳制作的工作台。

左上图 玛丽·安托瓦内特肖像，由路易斯-伊丽莎白·维吉·勒·布伦（Louise-Élisabeth Vigée Le Brun）和欧也妮·特里皮耶-勒弗朗（Eugénie Tripier-Lefranc）先后绘制而成。

右上图和右页图 皇后闺房的细木护壁上奇异风格的局部图。

“芭蕾歌剧版《泽米尔和安佐尔》(*Zémire et Azor*) 在枫丹白露宫的首演结束当天，马蒙泰尔（Marmontel）和格雷特里（Grétry）在枫丹白露宫的长廊上被引荐给正在走向群众的皇后。皇后向格雷特里新歌剧的成功表达了称赞。皇后告诉他，自己曾梦到泽米尔的父亲和妹妹们在魔镜后面三重奏的片段。在称赞之后，皇后继续走向群众。”

——选自玛丽·安托瓦内特的第一女仆康庞夫人写作于1823年《玛丽·安托瓦内特私人生活的回忆录》(*Mémoires sur la vie privée de Marie-Antoinette,1823*)

第112—113页图 于1777年建造于皇后寝宫中的土耳其闺房，是玛丽·安托瓦内特在枫丹白露宫时的私人空间。

左页图 在法国大革命时期，土耳其闺房被洗劫一空，后为皇后约瑟芬重新装修，并成为约瑟芬的私人寝宫。

帝国的辉煌

由于无力对王国的制度进行重组，路易十六和他的大臣们在1789年5月4日召集了三级会议。此举引发了一系列后果，并使得法国大革命的方向发生了转变，由大革命发展向恐怖，由督政府转向执政府。尽管行政权被委托给三级领事机构，然而在法国大革命第八年雾月※18日（1799年11月9日）所颁布的宪法却是为了维护一个人的利益。拿破仑·波拿巴决定结束大革命。在法国大革命期间，议员阿贝·格雷瓜尔（Abbé Grégoire）创造了一个新词，叫作“大革命的汪达尔人作风”，用来合理化大革命期间的破坏行为。而这种破坏，很快就被滥用了。自1789年开始的12年里，枫丹白露宫经历了数次变化。宫殿内的家具遭到变卖。法国历代国王的肖像们被焚烧，其中包括一幅菲力普·德·尚帕涅（Philippe de Champaigne）为路易十三绘制的精美的肖像。好在宫殿本身得以保全，并没有遭到损毁，里面的建筑和装饰也没有遭到毁坏。1796年在这里建立的中央学院以及1803年建立于此的特殊军事学院，在保证建筑完整性上毫无疑问起到了巨大的作用。

拿破仑于1803年11月20日首次造访枫丹白露宫，并在第一执政时到此视察军事学院。五年后，这座军事学院改名为圣西尔军事学院。在1805年5月18日，刚刚加冕的法兰西国王决定将枫丹白露宫设置为他的皇宫。他的第一项决策就是推倒白马庭院的西翼，具体是牧师翼楼（l'aile des Ministres）和路易十五翼楼（这两座翼楼如今依然存在）中间的那一段走廊，以带着帝国鹰状标示的门取而代之。这道门成为从此之后游客进入宫殿的主要入口，也是拿破仑建造的主要工程。后来，由于拿破仑急切地入住宫殿，他并未进行进一步的装修以及开展新的建筑项目，他仅仅是对房间进行了一些装修就非常满意地搬入宫殿了。

右页图 1808年，拿破仑将国王的寝宫改造成御座厅，装饰以华盖、一对绣有帝国雄鹰标志的旗帜、一座放置在讲台上的王座。这些物品由建筑师查尔斯·珀西（Charles Percier）和皮埃尔·方丹（Pierre Fontaine）设计，并由御匠雅克-迪斯马特制作。

第118—119页图 拿破仑为教皇庇护七世对其将于1804年12月2日举行的加冕仪式进行设计。整个预演在御座厅举行，约瑟芬坐在他的右边。跪在地上，移动参与者小雕像的是设计师让-巴蒂斯特·伊莎贝（Jean-Baptiste Isabey）。小雕像由让-乔治·维伯特（Jean Georges Vibert）和尤金·瓦兰（Eugène Varin）雕刻。

※查法国革命历的第二月

上图 图中位于桂冠花环上部位置的是在御座厅中两枚帝国雄鹰标志之中的一个。
雄鹰的双爪紧紧抓住宙斯的霹雳。垂落在讲台上的丝织物上面装饰着蜜蜂。
蜜蜂取代了之前的皇家鸢尾，成为新的象征。

右页图 御座厅中的部分细木护壁是由雅各·韦伯克特（Jacques Verberckt）为路易十五所设计的。
雅各的设计包括门上所装饰的路易十三的象征：赫拉克勒斯的神杖。

左页图《约瑟芬皇后》(*L'Impératrice Joséphine*)，由弗朗索瓦·杰拉德（François Gérard）所绘。

上图 土耳其闺房中躺椅的局部图。

第124—125页图 修缮后的土耳其闺房于2015年再次向公众开放。

室内装饰专为玛丽·安托瓦内特所定制，但家具则是后来供约瑟芬所用的。

右页图 皇冠上拿破仑姓氏的首字母交织文字（白马庭院大门上的局部图）。

第128—129页图 《拿破仑于枫丹白露宫》（*Napoléon à Fontainebleau*），由阿德里安·莫罗（Adrien Moreau）绘制。

第130页图 皇帝寝宫以及里面木制涂金的大床，上面覆盖着梅红色点缀着花朵和月桂叶的天鹅绒毯。为了与最初的材料相吻合，天鹅绒毯在20世纪末专门在里昂重新编织。

第131页图 奢华大床一角的局部图，上面装饰着帝国蜜蜂。

仅仅戴安娜长廊得到了一次大修，当然如今也因年久而显得衰败。拿破仑委任建筑师查尔斯·珀西和皮埃尔·方丹设计一处新的长廊，用于展示自己的丰功伟绩。珀西和方丹也修复了部分宫殿内部，包括国王寝宫。

尽管拿破仑早在1803年就对枫丹白露宫进行了首访，然而按照波旁王朝君主进行皇室拜访的盛况和仪式规模来看，他仅仅在1807年秋天、1809年和1810年又进行了三次官方访问。在1809年的访问时，他的朝臣们发现国王之前的寝宫已经被转换成御座厅。在1810年，拿破仑第一次在新皇后玛丽–路易斯（Marie-Louise）陪同下共同造访了枫丹白露宫。

拿破仑的下一次到访是在1814年，这也是他最后一次来到枫丹白露宫。1814年4月6日，他签署了无条件退位法案。这注定是一个悲伤的时刻，然而当他意识到那些追随他、仰仗他获取功名利禄的人却在最后抛弃他之后，更加觉得苦涩。在4月20日，周三，他检阅了白马庭院的皇家禁卫军并发表了著名的告别辞："我昔日的禁卫军们，我向你们告别了。二十年来，你们一直陪伴我，走在光荣和荣誉的道路上。"也就是从这时起，白马庭院也被称作告别庭院（Cour des Adieux）。这场告别很快取得了极好的效果，并谱写了新的拿破仑神话，后来被追随拿破仑远征的老兵们不断重复地追忆帝国时代的辉煌。在百日王朝时期，尽管拿破仑认为他已经复兴了帝国时期全部，实际上他仅仅是给这段神话增加了一曲额外的篇章而已（并不是特别辉煌的一篇）。由于他一意孤行地继续发动战争和拒绝和解，作为公民的波拿巴已经失去了往昔的荣耀。他总是想孤注一掷加大筹码地赌一把，把皇帝宝座夺回来。然而这一次，他彻底地输了，再也不会回来了。

1814

“由于同盟国家宣布拿破仑皇帝已经成为重建欧洲和平的唯一障碍，所以忠实于自己誓言的拿破仑皇帝宣布他自己和他的后代都放弃他在法国、意大利的王位。因为，为了法国的利益，他会不惜牺牲个人的任何利益乃至生命。”

——拿破仑一世《退位文告》(*Abdication du 6 Avril 1814*)，
拿破仑在枫丹白露宫著名的红木桌上手书

右页图 拿破仑的私人会客厅，也被认为是退位房间。
1814年4月6日，在这张桌子上，拿破仑签署了《退位文告》。

枫丹白露宫的新君

下图 图片中所展示的金门，建成于弗朗索瓦一世时期。在1839至1844年期间，路易-菲利普将关于枫丹白露宫历史记录的工作委托给位于塞夫勒的陶瓷工厂。

右页图 瓷器画廊（La galerie des Assiettes），始建于1840年。细木护壁上镶嵌着128个盘子，记载着枫丹白露宫建造伊始一直到路易-菲利普时期的历史。

复辟的波旁王朝的两位君主路易十八（Louis XVIII）和他的弟弟查理十世（Charles X）都对枫丹白露宫兴趣乏乏，他们仅仅是继续拿破仑在戴安娜长廊的工程。路易十八1814年登基，在位长达10年，直至去世（百日王朝时期除外）。查理十世1824年登基，在1830年被驱逐。他们在宫殿中增添了颂扬波旁王朝和法国的画卷，也增添了一些著名人物的肖像，比如圣路易，波旁皇族的祖先；圣女贞德（Jeanne d'Arc），法兰西民族情绪的核心；亨利四世，波旁王朝的首位君主。

对于过去的热爱，通过历史画卷的形式展现出来，而这也正是路易十八和查理十世时期所独有的。

上图 戴安娜走廊天花板的局部图。

右页图 戴安娜走廊上的肖像工程，始于拿破仑时代，在路易十八时期结束。路易-菲利普把戴安娜走廊改造成宴会厅。装饰主题大部分都被拿破仑三世拆除，并被其改造成图书馆。前厅的地球仪是专为拿破仑所设计的。

这种对过去的追忆和热爱影响到了社会各个阶层。而对艺术发展来说，其影响范围超越了法国，对在欧洲和世界范围内的文学、绘画和雕塑都产生了影响，并滋养了浪漫主义的新风。1830年，奥尔良公爵（Duc d'Orléans）登基，也就是后来的路易-菲利普。他是追忆历史的伟大捍卫者也是推动者，他将凡尔赛宫改造成以“献给法国所有荣耀”为主题的历史画廊。在他第一次造访枫丹白露宫时，他就被这古老的建筑迷住了。凡尔赛宫可能来自路易十四的天才灵感，年迈的路易-菲利普也经常把自己比作路易十四，然而凡尔赛宫的历史只能追溯至17世纪。但是在枫丹白露宫，他却能追溯到自己更遥远的根，这也使得他重新将自己定位成法国国王庄严城堡的重建者。然而他采取的方法并不是要完全地将城堡的各个房间与其最初的历史和风格匹配起来，而是要将其原有的风格发挥出最大的功效。这一点也一直被批评家所诟病。但是我们不能忘记的是，正是路易-菲利普所采取的修复措施，才使得枫丹白露宫免于破败和被遗弃。

上图和右页图 在戴安娜美术馆的另一端，
矗立着气势恢宏的菲迪亚斯花瓶（Phidias），
超过6.5英尺高（2米），于1832年在塞夫勒制造。
第140—141页图 看一看国王楼梯的天花板。
这是在路易十五统治时期在弗朗索瓦一世的情妇、坦佩斯公爵夫人的前卧房里建造的。
这面墙的装饰可以追溯到文艺复兴时期。
天花板上亚历山大大帝的雕像由阿贝尔·德·普约尔（Abel de Pujol）在路易-菲利普时期完成。

CÉRISOLLES·1544

“这是自从大革命（至1830年）以来，我第一次看到国王勇敢地去回忆起自己是亨利四世的子孙。枫丹白露宫的贵族气息让国王想起自己流淌着波旁王族的血液，他也延续着波旁王族的品位。”

——博因伯爵夫人（LA COMTESSE DE BOIGNE）
在1834年对于路易-菲利普造访枫丹白露宫的记录。

第142页图 卫戍厅细木护壁的局部图，在路易-菲利普时期按照文艺复兴时期的风格进行装修。

第143页图 文艺复兴风格的花瓶，1834年由艾美·舍纳瓦德（Aimé Chenavard）设计，在塞夫勒制造。

右页图 路易-菲利普决定将舞会大厅下面的底层空间改造成一间宏伟的新文艺复兴风格的等候室，当时就被称为路易-菲利普大厅（Salle Louis-Philippe）。随后，在装饰完毕后，被命名为圆柱厅。

拿破仑三世与欧仁妮

早在1852年12月2日法兰西第二帝国成立之前，拿破仑三世（路易-拿破仑）早已去过枫丹白露宫了。1849年9月4日，拿破仑三世就以法兰西第二共和国总统的身份参加过巴黎至枫丹白露宫路段铁路的开幕仪式。两年后，枫丹白露宫和里面居住的皇室成员一并成为拿破仑三世的帝国资源。但是一直到1857年，拿破仑三世和欧仁妮皇后（Eugénie de Montijo）才将枫丹白露宫作为他们的乡间别墅。拿破仑三世在1853年1月迎娶了欧仁妮·德·蒙蒂霍。皇帝夫妇非常喜欢枫丹白露宫，并且每年都来此居住。而欧仁妮皇后非常崇拜玛丽·安托瓦内特，并依照对她的记忆，专门在小特里亚侬（Petit Trianon）设计了一个博物馆，也趁机依照路易十六时期的家具重新装修了玛丽·安托瓦内特之前的寓所。

下图 皇室于1862年抵达枫丹白露宫。18世纪明信片。

右页图 拿破仑三世、欧仁妮和皇太子。皇太子被父母亲昵地称为“loulou”。图片由欧仁 蒂埃博（Eugène Thiébault）所拍摄。

左上图 科尔德利耶花瓶（Vase Cordelier）上面装饰着带有拿破仑首字母“N”和欧仁妮首字母“E”的交织图案。

右上图 拿破仑三世机要秘书办公室中的雅各布 - 德斯瓦尔特（Jacob-Desmalter）扶手椅。

右页图 拿破仑三世书房中的红木办公桌。

拿破仑三世更热衷于继续路易 - 菲利普所展开的修复工作。因而，修建于亨利四世时期的雄鹿画廊也被恢复了原貌。路易十五翼楼展开新的工程，皇帝命令建筑师埃克托尔 · 勒菲埃尔（Hector Lefuel）建造一间戏院，此外他和欧仁妮皇后还有各自的书房。欧仁妮皇后还在之前大楼阁的位置上建造了中国博物馆。在壮观辉煌画廊里，密密麻麻地悬挂着与城堡历史有关的作品。虽然枫丹白露宫是帝王居所，但是这并不影响它对公众开放，里面的公寓、花园和公园每周向公众开放两次。很久之后，在法兰西第二帝国被普鲁士军队摧毁和拿破仑三世去世之后，欧仁妮皇后去参观过枫丹白露宫，并被一位老门卫认出。一个月后，整个欧洲都卷入了第一次世界大战。

“我知道，没有一座宫殿能与枫丹白露宫的那种庄严肃穆相媲美。从建成的那一刻起，它就被赋予了恢宏的气势；漫长的岁月，更迭的王朝都在这里留下了它们的痕迹。今日，我们站在历史的基石上书写历史的新篇章。”

——选自政治家和历史学家弗朗索瓦·圭索（GUIZOT）1861年的回忆录。

上图 意大利国家博览会（l'Exposition nationale italienne）官方专辑封面上的徽章。
于1861年赠送给拿破仑三世。1861年是意大利王国元年，
首位君主是维克多·伊曼纽尔二世（Victor Emmanuel II）。
右页图 奥地利的安妮寝宫床上的窗幔穗子局部图。
第152—153页图 奥地利的安妮寝宫，在如今的女王王太后公寓里，
也被称为教皇公寓（Appartement du Pape）。
文艺复兴式的四柱床是由福迪诺斯（Fourdinois）于1860年进献的。
独角小圆桌是教皇庇护九世（Pope Pius IX）送皇太子的礼物，皇太子是庇护九世的教子。
墙上悬挂着一整套根据诺埃尔·夸佩尔（Noël Coypel）在17世纪后期的画作
《众神凯旋》（*Triomphes des dieux*）编织而成的壁毯。

娱乐消遣

枫丹白露宫：绝佳的外交之所

根据法国历史档案记载，坎特伯雷大主教托马斯·贝克特，是枫丹白露宫接待的第一位贵宾。1169年，他受到路易七世的邀请，为新的礼拜堂祝圣。1325年，菲利普·勒·贝尔（Philippe le Bel）的女儿伊莎贝拉——被莫里斯·德鲁安（Maurice Druon）在他著名的小说《宫廷恩仇记》（*Les Rois maudits*）中称为“法兰西之母狼”——接受她的哥哥查理四世（Charles IV）邀请，做客枫丹白露宫。伊莎贝拉已与英国国王爱德华二世（Edward II）联姻，为了缓和英法两国之间紧张的局势，她跨过了英吉利海峡，来到枫丹白露宫。由于她深为与爱德华的宠臣兼顾问休·德斯潘塞（Hugh Despenser）之间敌对关系之扰，她的造访也被认为是寻求她哥哥的支持来推翻德斯潘塞和罢黜爱德华二世。

两个世纪之后的1539年，圣罗马帝国皇帝查尔斯五世在弗朗索瓦一世的邀请下于12月24日至12月30日期间造访枫丹白露宫。为了迎接他的到来，在枫丹白露宫的主入口——金门外面特别举行了一场锦标赛。一个世纪之后，在1657年10月至1658年2月期间，瑞典女王克里斯蒂娜（Christine）在退位后暂居于枫丹白露宫。由于怀疑她的骑兵长官莫纳尔代斯基（Monaldeschi）背叛自己，下令将他暗杀在雄鹿画廊。这件事也影响了她和法国皇室的关系。1664年7月，路易十四在枫丹白露宫接待了一名教皇使节，后者代表教皇亚历山大七世（Pope Alexander VII）就发生在主教的科西嘉籍侍卫与法国大使的法国籍仆人之间的争执而道歉。随后，太阳王投身于政治。在查尔斯二世（Charles II）去世后，西班牙陷入继承危机时，路易十四在曼特农侯爵夫人的公寓里接受了一些重要的建议。多次犹豫之后，他接受了查尔斯的遗嘱，然而这却把法国拖入另一场战争之中，但我们必须承认的是，与之前的两场战争相比，这一场战争更加难以避免。

第154—155页图 19世纪拍摄的马蹄形楼梯和围栏。

右页图《拿破仑三世于1861年6月27日在枫丹白露宫的舞会大厅接见暹罗使者》（*l'Audience des ambassadeurs siamois par Napoléon III dans la salle de Bal au château de Fontainebleau,le 27 juin 1861*），由让-莱昂·杰罗梅（Jean-Léon Gérôme）绘制。此处为局部图。坐在国王夫妇右侧的是年轻的皇太子。

MARIAGE DE LOUIS
XV· CELEBRÉ LE V SEPT^bre·
1725

左页图 1725年9月5日，路易十五与玛丽·蕾捷斯卡的婚礼在枫丹白露宫举行。

上图 玛丽·蕾捷斯卡从斯特拉夫堡前往枫丹白露宫结婚的行程和路线。创作于18世纪。

19世纪，枫丹白露宫相继迎来尊贵的客人。当然，他们并不都是自愿来此的。从1812年6月开始，拿破仑将庇护七世软禁在这里长达19个月之久，作为其拒绝遵守皇帝对其敌人经济封锁的命令的惩罚。在1861年6月，拿破仑三世和欧仁妮在舞会大厅会见了暹罗国王拉玛四世蒙库特（Rama IV Mongkut）的使者，此场景在让-莱昂·杰罗梅的名画中记录下来，这幅画现在悬挂在凡尔赛宫。呈献给皇帝夫妇的礼物则被保留在了枫丹白露宫，部分礼物如今在皇后的中国博物馆中展出。

在那个婚姻在国事中占据重要作用的年代，枫丹白露宫也承办了一些具有重大意义的婚礼。在1725年，关于谁才是路易十五的新娘这个棘手问题终于随着路易十五与玛丽·蕾捷斯卡（Marie Leszczynska）的联姻而解决，后者是已被废黜的波兰国王的女儿。玛丽的父亲只是一个短暂的君主，仅仅在1704年至1709年期间执政。为了准备路易十五的婚礼，在美炉翼楼新建了一座戏院，而亨利四世期间建造的精美壁炉则被拆除，虽然后者才是这座翼楼得名的原因。在他们婚礼当天，为了庆祝结婚，戏院里表演了两场莫里哀的喜剧《安菲特律翁》（*Amphitryon*）和《假医生》（*Le Médecin malgré lui*）。

接下来的一个世纪政权几次更迭，在1837年5月30日，路易-菲利普的长子奥尔良公爵与梅克伦堡-舒维林（Mecklenburg-Schwerin）的海琳（Hélène）公主的结婚仪式也在枫丹白露宫举行。

在19世纪末，法兰西第三共和国时期，枫丹白露宫也成了接待国宾的场所。1895年，总统菲利克斯·佛雷（Félix Faure）在这里接待了来访的比利时国王利奥波德二世（Léopold II）。1984年6月，弗朗索瓦·密特朗（François Mitterrand）在枫丹白露宫主持了欧洲理事会，招待了欧洲经济共同体中各国家元首和政府首脑。此后，枫丹白露宫更专注于其在文化方面的影响力。但始终不变的则是自弗朗索瓦一世起对枫丹白露宫的认知，它不仅仅是一个引人注目的符号，更是法国艺术与历史的尊贵代表。也正是这种共同的认知，多年来，来自世界各国的赞助人对枫丹白露宫的各项清理修复工作表示支持，并慷慨解囊。

下图 当奥尔良公爵、路易-菲利普的长子，迎娶了一位新教公主时，他们举行了两场婚礼。首先在三一教堂举行了天主教仪式的婚礼，然后又在圆柱厅举行了新教仪式的婚礼。婚礼仪式在下面的雕刻画中详细记载。

右页图 通往圆柱厅的大门。在路易-菲利普时期建成。

庆典和娱乐

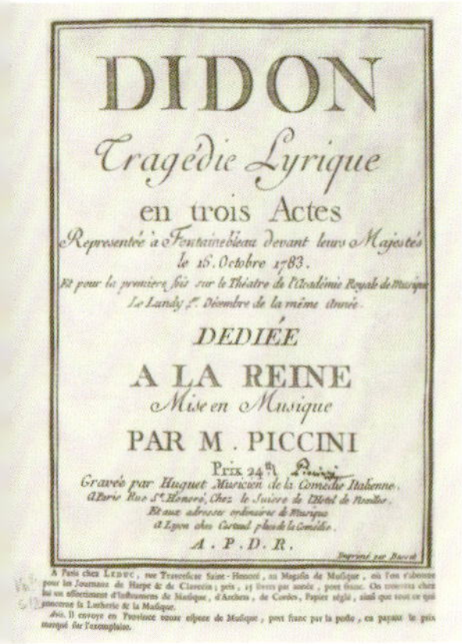

上图 1783年10月16日，抒情性悲剧《狄多》(*Didon*) 在枫丹白露宫首演，是部专门进献给路易十六和玛丽·安托瓦内特的作品。这是一部三幕歌剧。

右页图 1685年10月20日，芭蕾舞剧《和平殿堂》(*Temple de la Paix*) 的序曲在枫丹白露宫首演，由让-巴蒂斯特·卢利作曲，菲利普·奎诺（Philippe Quinault）填词。

1682年，路易十四决定带领一直无固定居所的法国皇室定居在凡尔赛宫。然而，每年的9月到11月期间，皇帝选择住在枫丹白露宫。相比于凡尔赛宫中严苛的繁文缛节，这里的礼节相对轻松。每年夏日将近的时候，法国宫廷中唯一的谈话主题就是“枫丹白露宫之旅”，这项传统一直延续到法国大革命时期。

到了18世纪，在路易十五、路易十六统治时期，枫丹白露宫成了激烈项目和现场表演的场所。现场表演揭开了皇室娱乐季的序幕，而整个娱乐季将一直持续到第二年复活节。法国和意大利的剧团，以及法国皇家音乐学院的音乐家们会轮番演绎优秀的歌剧、芭蕾舞剧和戏剧作品。其中18世纪末最成功的作品则是让-菲利普·拉莫（Jean-Philippe Rameau）的《达达努斯》(*Dardanus*) 和《阿那克里翁》(*Anacréon*)，让-雅克·卢梭（Jean-Jacques Rousseau）的《村里的预言家》(*Le Devin du village*)，以及一些喜剧歌剧，如安德烈-莫德斯特·格雷特里所导演的《泽米尔和安佐尔》和《查理一世》(*Richard Coeur-de-lion*)，玛丽·安托瓦内特特别喜欢这两出剧。

路易十五对戏剧不感兴趣，却乐于让他的情妇们去看戏，起初是蓬帕杜夫人（Mme de Pompadour），后来是巴里夫人（Mme du Barry）。路易十六一开始同样不感兴趣，但在玛丽·安托瓦内特的影响下，他成了一个戏迷。60年后，拿破仑三世和欧仁妮继续在枫丹白露宫看戏。星期一、星期三和星期六，皇帝夫妇和皇室成员会观看法兰西喜剧院（Comédie-Française）的演出，在周日则会在大公寓观看音乐会。

上图 老剧院的平面图。

为庆祝路易十五的婚礼，于1725年在美炉翼楼内部建造，

并于1856年被烧毁。

“您的佳作《村里的预言家》得到了全体皇室成员的喜爱。您知道，我们的国王并不喜欢音乐，他却在日夜哼唱您谱写的旋律，虽然全国上下都找不到一个比他调子跑得更偏的人了。他要求下周再演一次。”

——皮埃尔·德·杰约特（PIERRE DE JÉLYOTTE）
于1752年写给让-雅克·卢梭的信

上图 为三幕歌剧《西尔维》(*Sylvie*) 中一位仙女所设计的服装，
该剧于1765年在枫丹白露宫上演。

右页图 1853年，拿破仑三世决定在路易十五翼楼建立一个新的剧院，
此为皇室包厢设计图的局部。

拿破仑三世决定用埃克托尔·勒菲埃尔于1853—1856年所建的帝国剧院取代1725年的老剧院。令人震惊的人，在新剧院投入使用的第一天，老剧院就被烧毁了。勒菲埃尔在路易十五翼楼一直未能竣工的那部分建造了一个可以容纳四百人的现代化的剧院，包括前厅、楼梯、休息室、舞台和台下区域，以及为演员、音乐家和机械师所准备的设施，一切装修和设备都是当时最新潮的。设计受到玛丽·安托瓦内特在凡尔赛宫的小剧院的启发。考虑到欧仁妮皇后对这位殉道王后的浓厚兴趣，剧院的构思和设计绝非巧合。新的剧院在1857年投入使用，仅仅上演了大概15部剧。

1834年，路易-菲利普和他的皇后玛利亚·阿玛莉亚(Marie-Amélie)恢复了在路易十五和路易十六时期所中断的“枫丹白露之旅”。拿破仑三世和欧仁妮皇后也继续了此传统，每年夏天都要来到枫丹白露宫。从1852年到1870年的每一年夏天，这座城堡每周会迎来四五十名客人。枫丹白露宫的常客名单包括普罗斯佩·梅里美（Prosper Mérimée），历史古迹督查、学者兼欧仁妮皇后小圈子的成员；波林·梅特涅公主（la princesse Pauline Metternich），奥地利驻巴黎大使的妻子。波林·梅特涅公主智慧非凡，她有一句名言“我不美丽，我更糟”。每一位客人都有自己的房间。必须重申的是，这里的礼节与规矩，和巴黎相比要宽松多了。1870年秋，拿破仑三世在赛丹被普鲁士国王和德国王子们所击败，这也为枫丹白露宫的娱乐活动画上了句号。

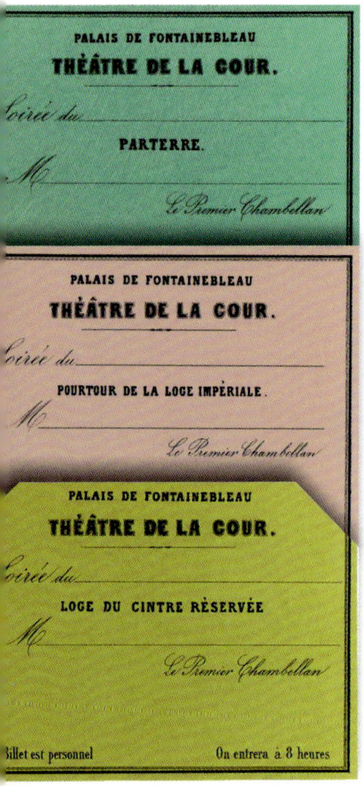

第168—169页图 2014年，当初由拿破仑三世和欧仁妮皇后所揭幕的帝国剧院，在关闭150年之后，再次向公众开放。

上图 拿破仑三世和欧仁妮邀请一个剧团到帝国剧院演出。

右页图 帝国剧院门厅

第172—173页图 从帝国剧院的舞台看向观众席。天花板上装饰着安德烈·查尔斯·瓦莫耶（André Charles Voillemot）所做《音乐与诗歌寓言》（*Allégorie de la Musique et la Poésie*）系列作品中的一幅。

水，大片的水

“枫丹白露”（Fontainebleau）由“fontaine belle eau”演变而来，法文原义为“美丽的泉水”，因为枫丹白露宫最初就在泉水附近建立起来。一个角度很小的斜坡挡住了昌吉斯（Changis）小河的流向，而当地沙质的土壤也有利于泉水的形成。早在中世纪，喷泉庭院中的湖早就成了枫丹白露宫的一大特色。后来为了在喷泉庭院建立起一座花园，供皇室成员们游乐、散步和呼吸新鲜空气，弗朗索瓦一世命令建造一系列连通的小运河，用来为湖水分流。在宗教战争（1562—1598年）期间，枫丹白露宫的修建工作曾一度中止。亨利四世登基后，极其热爱枫丹白露宫，并大兴土木，建造宫殿、花园和水景。花园中增添了许多中间带有雕塑的喷泉。女王庭院中装饰着戴安娜雕塑，而“大花坛”中，则放置着台伯雕塑。最重要的是，第一位波旁王朝的国王决定建造一条长约3940英尺（1200米）的运河，后来成了许多盛大场合的壮观布景。为了庆祝路易十五与玛丽·蕾捷斯卡的婚礼，1725年9月5日，一只训练有素的鸬鹚在运河上表演了捕鱼。第二天，皇室成员们又看到了另一幅令人惊讶的场面，音乐如魔法般在平静的水面上升起（实际上是从两艘贡多拉上升起）。年轻的皇后，抛弃了以前统治时期笨重的马车，换上一辆敞篷四轮马车。这所有的一切都让她高兴。

下图 皇太子的护卫舰漂浮在鲤鱼池上。

右页图 鲤鱼池中的凉亭，建立在路易十四时期，在拿破仑·波拿巴时期被修复。

第176页图 佛兰德斯壁毯《枫丹白露宫水上节日》（*Fête aquatique à Fontainebleau*）局部图，编织于1580年。壁毯右侧为亨利三世和他的妻子洛林的路易斯-沃德蒙特（Louise de Lorraine-Vaudémont）。

下图 从喷泉庭院俯瞰鲤鱼池以及路易十五翼楼的花园。

第178—179页图 奥尔良公爵，路易-菲利普之子1837年在枫丹白露宫结婚时的烟花表演。

第180—181页图 1863年夏，皇室成员享受泛舟鲤鱼池的乐趣。

第182—183页图 1860年6月24日，皇室成员在枫丹白露宫。拿破仑三世和皇太子在小船中摆造型，而欧仁妮皇后则坐在石阶旁，右起第三人。

第184—185页图 1863年，为了纪念法国军队占领墨西哥普埃布拉而举行的烟花表演。

喷泉庭院中的鲤鱼池实在是太大了，不停地“诱惑着”大家下水游玩。在弗朗索瓦一世时期，大臣们可以从与庭院平齐的、有顶的平台上登上一艘艘小船。鲤鱼池也为一些露天表演提供了如画般美丽的背景。1661年7月，在湖边搭建了一个舞台，用来演出一场芭蕾舞，该场演出的音乐伴奏是让-巴蒂斯特·卢利（Jean-Baptiste Lully），而舞者则是路易十四和部分大臣。在路易十三统治时期，鲤鱼池中间兴建了一间亭子，大臣们可以在此享受夏日的清凉，并在水雾中放松身心。在1662年，这座凉亭被另一座八角形的凉亭所取代。在路易十四统治末期，皮埃尔·德尼·马丁绘制了《1713年修建后的枫丹白露宫城堡和花园鸟瞰图》（*Vue du château et des jardins de Fontainebleau après les travaux de 1713*），鲤鱼池中有一艘金色的贡多拉。毫无疑问，这是供国王游玩的。亭子在拿破仑·波拿巴统治时期得到修复。他非常喜欢带着玛丽-路易斯（1810年玛丽-路易斯公布了怀孕的消息）乘一艘精心装饰的贡拉多在鲤鱼池上游玩，而这艘贡拉多是来自南斯的礼物。在法兰西第二帝国时期，欧仁妮皇后认为对于每周来访的皇帝夫妇的客人们来说，凉亭是一个非常适合游玩的地方。

19世纪末，皇太子的小型护卫舰被印在了明信片上，皇太子是拿破仑三世与欧仁妮的独子。护卫舰漫无目的地飘荡在鲤鱼池平静的水面上，似乎回忆着在塞丹战败后被法兰西第三共和国所取代的帝国政权。

“午饭后，我们去花园里，泛舟鲤鱼池，十分快乐。鲤鱼池中有各种各样的船供客人们挑选，甚至还有一艘威尼斯贡多拉，并配有真正的威尼斯船夫。”

——梅特涅公主，1860—1869年

PUEBLA
BAZAINE FORBY DOUAY

帝国记忆

在枫丹白露宫悠长的历史中，它曾被两任皇帝选中作他们的皇宫。在第一帝国时期，拿破仑·波拿巴最初和约瑟芬一起住在这里，他们在1809年12月离婚之后，拿破仑又和玛丽-路易斯居住于此。1814年4月6日，也是在枫丹白露宫，他签署了《退位文告》。在第二帝国时期，拿破仑三世和欧仁妮皇后将枫丹白露宫作为他们的乡间别墅。自1857年开始，他们每年夏天都在这里款待佳朋。因而，他们在这里留下的生活印记要远比他们的叔父拿破仑·波拿巴丰富。

下图 皇后私人寓所中黄色大厅门头装饰的局部图。

右页图 皇帝私人寓所寝宫大床床柱上装饰的埃及人造型。

上图和右页图 皇帝私人寓所中的图书馆。
书架全部来自圣克劳德城堡（château de Saint-Cloud）。
楼梯通往戴安娜走廊。

F

第190—191页图 皇后私人寓所中的寝宫。

上图 皇后私人寓所寝宫中的红木床头柜，上面镶有青铜和绿色大理石。

由弗朗索瓦·霍诺雷·乔治·雅各布-德斯马尔特（François Honoré Georges Jacob-Desmalter）设计。

右页图 皇帝私人寓所中书房的第二间屋子。

里面有木制涂金的沙发，上面覆盖着绿色天鹅绒。

由皮埃尔-加斯顿·布里昂（Pierre-Gaston Brion）设计。

中国博物馆

下图 喷泉庭院中的石狮子似乎在守护着中国博物馆，这座石狮子在1865年被进献给欧仁妮皇后。

右页图 17—18世纪的中国瓷器被陈列在多宝柜上，由佛迪诺斯布置。

第196页图 乾隆时期（1736—1795年）的景泰蓝香炉局部图。

第197页图 香炉上面悬挂着一盏由费迪南德·巴贝丁（Ferdinand Barbedienne）设计的枝形吊灯，而枝形吊灯取材于另一座香炉。在香炉的后侧，一对龙守卫着佛舍利塔。

拿破仑三世和欧仁妮皇后时期所建造装饰的所有房间当中，中国博物馆当时的风貌被完好地保存下来。欧仁妮皇后想把所有她收藏的来自遥远东方的艺术品和器物放置在同一间屋子里。这些艺术品和器物中，一部分来自法国的其他馆藏，一部分来自皇帝夫妇的收藏，一部分来自英法联军1860年对于圆明园的洗劫，还有一部分是暹罗大使在1861年来访时带来的外交礼物。欧仁妮皇后决定将她的博物馆建在路易十五时期所建造的大楼阁的一层。中国博物馆所占的房间中，向外可以看到鲤鱼池和英式花园，在这里既可以感受到荣耀又可以感受到平静，既可以感受到和煦的阳光又可以感受到花园的凉爽和绿意。在1863年6月14日成立的一个小型委员会，由皇后亲自领导，负责博物馆空间的改造。随着法兰西第二帝国在1870年的衰落，博物馆的馆藏规模保持不变，但是展出的内容却有所变化。直到1990年，在持续7年的修复工作之后，中国博物馆才恢复了欧仁妮皇后时期的风貌，并对外开放。枫丹白露宫曾经的住客们建造并装饰了它，而它也保留了这些住客的痕迹。

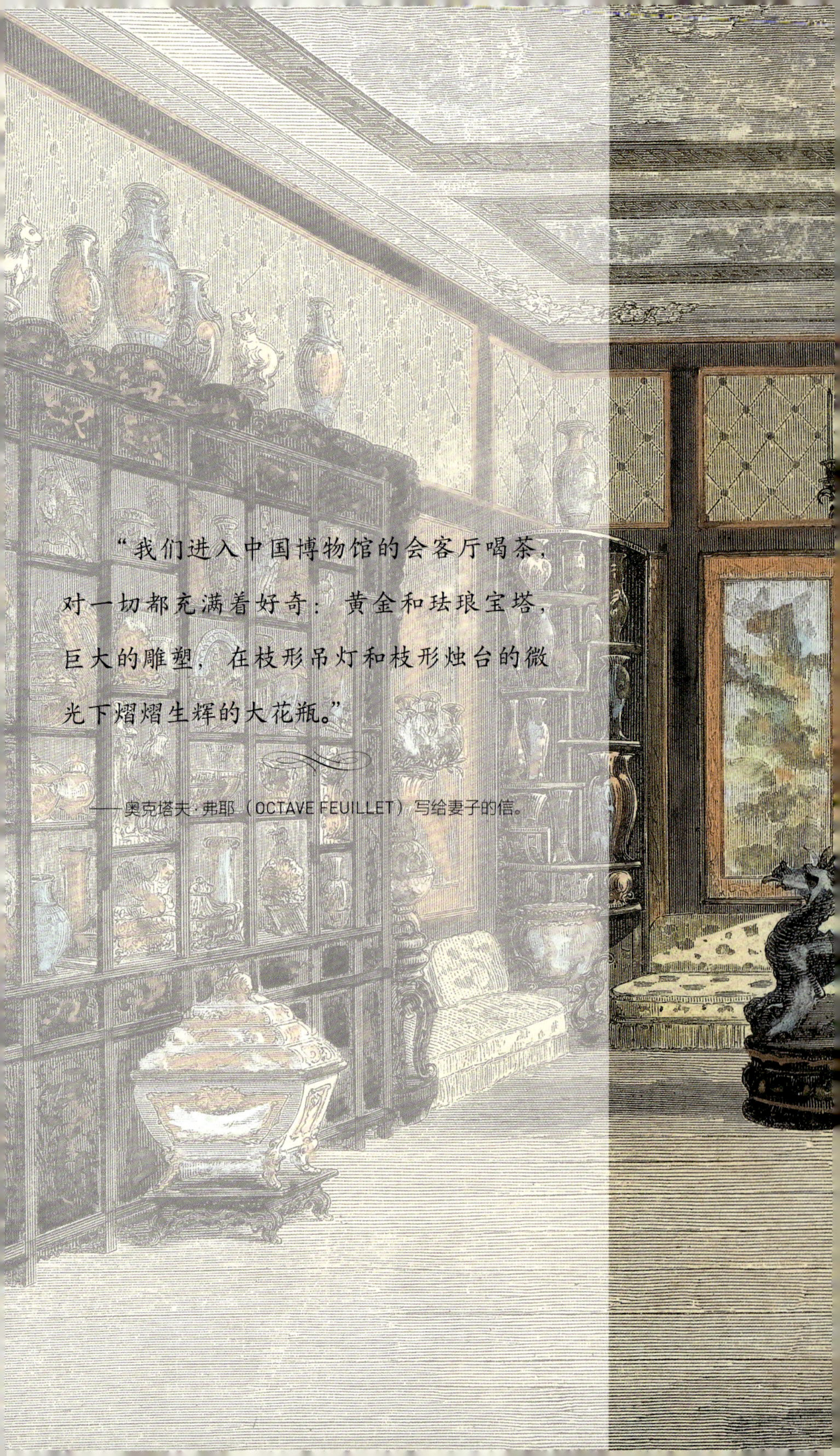

“我们进入中国博物馆的会客厅喝茶，对一切都充满着好奇：黄金和珐琅宝塔，巨大的雕塑，在枝形吊灯和枝形烛台的微光下熠熠生辉的大花瓶。”

—— 奥克塔夫·弗耶（OCTAVE FEUILLET）写给妻子的信。

第198—199页图《皇后所兴建的新的中国博物馆》(*Le Nouveau Musée chinois de S.M. l'Impératrice*),
此铜版画于1863年在《世界画报》(*Le Monde illustré*)上发表。
左页图 枝形烛台,由费迪南德·巴贝丁根据景泰蓝花斛改造,
花斛是庙宇供桌前所摆放的五种传统供奉容器(五供)之一。
上图 守护佛舍利塔的一对龙中的一只。

上图 枫丹白露宫里的中国博物馆内收藏的制作于19世纪的彩色玻璃灯。

右页图 乾隆时期的景泰蓝珐琅香炉。

狩猎：国王的运动

从中世纪到法国大革命，法国社会是建立在特权的基础上，由不平等的社会结构支撑的。其中一项特权就是狩猎，这是贵族阶层独有的运动，而其他阶层，如商人、艺术家和农民则禁止参加。狩猎是皇室的消遣，而作为贵族和古老社会制度的头领，国王是被视为卓越的猎人。皇家宅院的吸引力主要来自他们可以提供的狩猎森林和他们能够提供的游戏多样性。12世纪和13世纪时，卡佩王朝时的国王们前往枫丹白露宫，主要就是为了打猎。1314年，菲利普·勒·贝尔在枫丹白露宫城堡外浓密的森林猎鹿时出现了意外，并不幸死去。

下图 《米塞和图尔卢》(*Misse and Turlu*)，路易十五的猎犬。让-巴蒂斯特·奥德里（Jean-Baptiste Oudry）于18世纪时所绘。

右页图《雄鹿被猎杀于圣让奥布瓦池塘边》(*la Mort du cerf aux étangs de Saint-Jean-aux-Bois*)，让-巴蒂斯特·奥德里于18世纪时所绘。

JBoudry

第206—207页图《将猎物交给猎狗》(*La Curée du cerf*)让-巴蒂斯特·奥德里于18世纪时所绘。

下图《拿破仑三世在枫丹白露森林的和皇家狩猎，雄鹿在卡塞波悬崖边的水域被捕获》(*Chasse impériale de Napoléon III en forêt de Fontainebleau, bat l'eau au rocher du Cassepot*)，1855年。

右页图 圣休伯特(Saint-Hubert)盛宴，圣休伯特被认为是枫丹白露宫狩猎活动的守护圣徒。

两个世纪后，当弗朗索瓦一世脱离马德里的囚禁后，他决定离开巴黎大区的卢瓦尔河谷。当他不在巴黎时，他最爱的居住地是枫丹白露宫，因其郁郁葱葱的森林可以供国王游乐和享受长时间的狩猎。1529年，他在签署的一封诏书中写道："由于我们在比耶尔森林（Forêt de Bière）及其周边地区狩猎中所获得的快乐，我们考虑并决定将枫丹白露宫作为我们日后的主要居所。"

因此，从中世纪开始，狩猎的风俗一经形成，便从一个朝代传到下一个朝代。瓦卢瓦王朝之后，波旁王朝延续了在枫丹白露宫狩猎的风俗，甚至按照狩猎的主题装饰了一些宫殿的房间。比如雄鹿画廊，其中挂满了皇家住宅和森林风景的主题绘画，还装饰着雄鹿头（在1642年时，已经装饰有42颗）。在路易十五统治末期，雄鹿画廊被改建成国王女儿们的寓所。让-巴蒂斯特·奥德里的一系列画作有力地证明了路易十五对狩猎的热爱在波旁王朝的全部君主中是无可匹敌的。《路易十五的皇家狩猎》是为了歌白林壁毯工作坊特别绘制的。1835年，路易-菲利普下令将壁毯悬挂在王子寓所的墙上，此后，寓所被称为狩猎公寓（Appartements des Chasses）。与他的叔父一样，拿破仑三世也热衷于狩猎。1860年，拿破仑三世下令恢复雄鹿画廊的原貌。皇家和帝国的号角可能已经沉寂，但宫殿让它们的记忆永存。

枫丹白露：森林之堡

19世纪后半叶，如今被我们称为“休闲产业”的活动在西欧社会兴起。旅游则是新兴产业中的一项。旅游业的兴起伴随着平版印刷行业的黄金时代。印刷业意味着图像可以大规模地复制，或彩色或单色。因而，广告和海报应运而生，城镇的街道上张贴着一排排彩色的海报。

1849年，日后的拿破仑三世(1852年登基)为巴黎至枫丹白露路段铁路剪彩。枫丹白露宫，作为宫殿与森林的完美结合，很快成为著名的旅游景点。越来越多的海报吸引了更多的游客。1891年的一张海报上写着“枫丹白露，森林之堡”，仿佛为了打消人们的迟疑似的，还特意加了一句话“与巴黎仅1小时车程”。

下图 枫丹白露宫黑鹰酒店（Grand Hôtel de l'Aigle Noir）的旅行标签。

右页图 英式花园中的弗洛拉雕塑（Statue de Flore）。

第212—213页图 英式花园。

广告宣传语成功地吸引了众多游客。他们被狩猎的情景所吸引，渴望参观从前仅对精英阶层开放的宫殿，想去看看拿破仑在1814年4月20日向他的老卫兵们告别时所在的告别庭院，好奇鲤鱼池中间的凉亭。尤为吸引他们的则是森林，特别是于1802年栽种的“查理曼大帝”（Charlemagne）橡树。森林里有许多纵横交错的小径，经验丰富的步行者和初来的新人都可以找到适合自己的线路。与比耶尔森林相对应的皇家园林占地42英亩（约17公顷），如今宫殿被超过49英亩（约20公顷）的林地所环绕。在今日的人们意识到生态问题之前，枫丹白露宫已经有效地保护了许多珍稀植物。在1861年，第一个“艺术保护区”成立，其覆盖了数千公顷的森林。这是自然保护区的先锋。近年来，自行车运动、山地自行车运动、攀岩或骑摩托车逐渐取代赛马、狩猎、高尔夫和其他传统娱乐活动。时尚一直在变，然而从前的皇家宫殿和森林却始终吸引着越来越多的游客。

左页图《从鲤鱼池望向枫丹白露宫》（*Vue du château de Fontainebleau depuis l'étang des Carpes*），保罗·让·弗兰德林（Paul Jean Flandrin）于19世纪前半叶所绘。

美国人的到来

1923年夏天，金融家、慈善家约翰·D.洛克菲勒（John D. Rockefeller, Jr.，即小洛克菲勒）来到法国，这是他的第一次访问。“她的艺术之瑰丽、建筑之宏伟和花园之辉煌再一次打动了我。”当然，当看到许多古迹处于严重失修的状况时，他也格外痛心。他在1924年致信法国政府首脑，建议由自己出资修复他认为配称“全世界文化遗产”中的三处古迹：他投入了一大笔钱修复在一战中被炸毁的兰斯教堂（la cathédrale de Reims）的屋顶；修复凡尔赛宫的建筑、喷泉和花园；对枫丹白露宫中的宫殿和花园进行了紧急修复。多亏了这位富有而有教养的赞助人的慷慨，枫丹白露宫——就像之前的法国建筑一样——被美国人拯救了。

左页图 美炉翼楼，在约翰·D.洛克菲勒的资助下于1924—1931年期间得到了修复。

上图 小洛克菲勒和他的父亲洛克菲勒，摄于1915年。

下图 莫特-拉克鲁瓦（Motte-Lacroix）在美国音乐学院上钢琴课。

右页，上图 1924年，美术学院的学生在枫丹白露宫参与的课程。

右页，下图 1925年，弗朗西斯·卡萨迪斯在美国音乐学院传授管弦乐器指挥。

早在洛克菲勒造访之前，美国人就已经注资枫丹白露宫了。1921年，在出生于德国的美国作曲家沃尔特·达姆罗希（Walter Damrosch）、纽约交响乐团和管弦乐队指挥和法国指挥家弗朗西斯·卡萨迪斯（Francis Casadesus），以及管风琴演奏家、作曲家查尔斯-玛丽·威德（Charles-Marie Widor）的指导下，在枫丹白露宫成立了美国音乐学院（Conservatoire américain）。每年有150多名学生前来参加为期3个月的课程。很快，音乐学院就获得了国际声誉，这要特别感谢纳迪亚·布兰格（Nadia Boulanger）。她是管风琴手、钢琴家、指挥家，从1948年开始任学院的音乐总监，直到1979年去世。1923年成立的美术学院（École des Beaux-Arts）也起到了类似注资的作用，美术学院起初在绘画、雕塑和建筑领域授课，但是很快就专注于建筑。

在第二次世界大战期间，枫丹白露宫和美国的联系愈加密切。1949年，比利时、法国、卢森堡、荷兰、英国与加拿大和美国共同签署了北大西洋公约，形成北约，旨在帮助西欧对抗苏联的潜在威胁。美国在各成员国建立了军事基地，枫丹白露宫则被选做盟军位于欧洲的总参谋部。1967年，法国决定部分撤出北约，美军也撤出了枫丹白露宫。

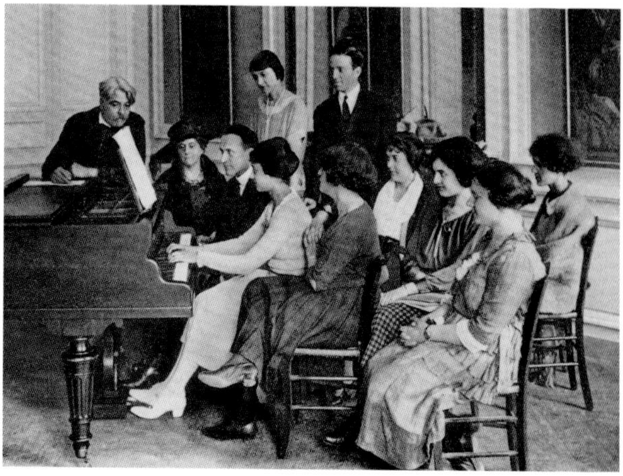

FONTAINEBLEAU
SCHOOL OF FINE ARTS
FOR AMERICAN STUDENTS
SESSION MCMXXIV

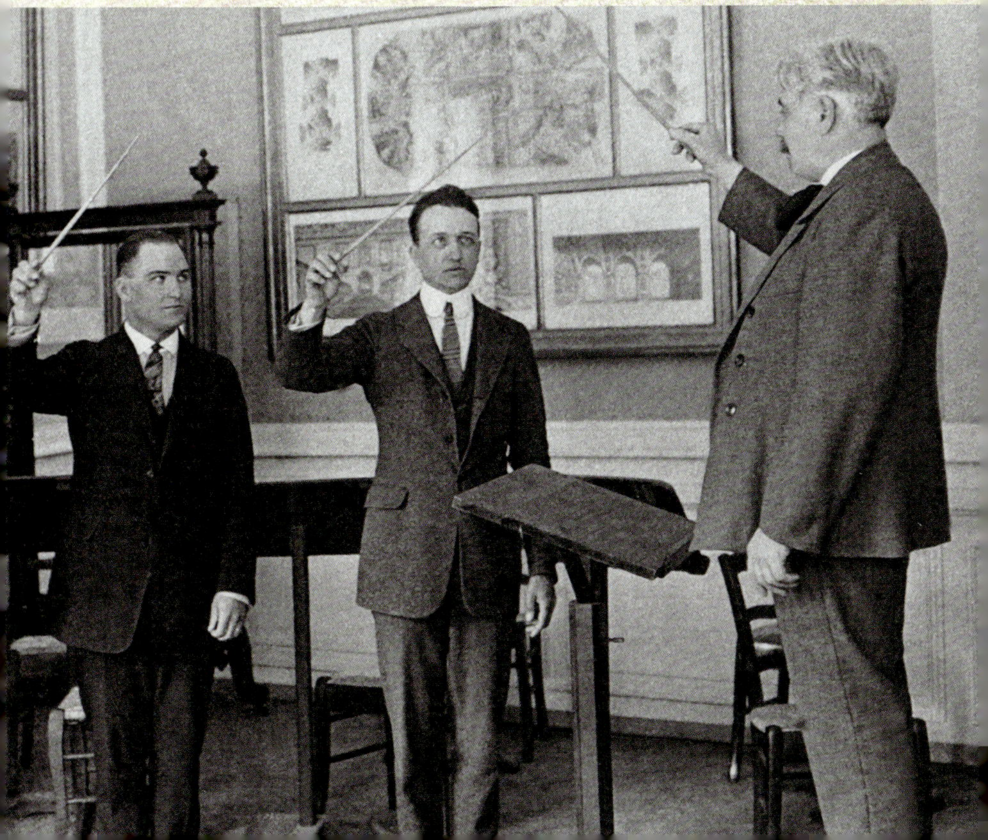

图书在版编目(CIP)数据

枫丹白露宫：遇见法国的历史之美 / （法）纪尧姆·皮孔 (Guillaume Picon)著；
郭佳好译. -- 武汉：华中科技大学出版社, 2020.11
（至美一日）
ISBN 978-7-5680-6164-3

Ⅰ.①枫… Ⅱ.①纪… ②郭…Ⅲ.①法国-历史 Ⅳ.①K565

中国版本图书馆CIP数据核字(2020)第089438号

Author: Guillaume Picon
Photographer: Eric Sander
Title: Un Jour à Fontainebleau
First Published by Flammarion, Paris

EXECUTIVE DIRECTOR
Suzanne Tise-Isoré
Style & Design Collection
EDITORIAL COORDINATION
Inès Ferrand
GRAPHIC DESIGN
Bernard Lagacé
Assisted by Jean-Rémi Agin

湖北省版权局著作权合同登记 图字：17-2020-094号

枫丹白露宫：遇见法国的历史之美
Fengdanbailu Gong: Yujian Faguo de Lishi zhi Mei

【法】纪尧姆·皮孔 (Guillaume Picon) 著
郭佳好 译

出版发行：华中科技大学出版社（中国·武汉） 电话：(027) 81321913
北京有书至美文化传媒有限公司 (010) 67326910-6023
出 版 人：阮海洪

责任编辑：莽 昱 张丹妮 封面设计：唐 棣
责任监印：徐 露 郑红红

制 作：邱 宏
印 刷：中华商务联合印刷（广东）有限公司
开 本：930mm×1194mm 1/32
印 张：7
字 数：30千字
版 次：2020年11月第1版第1次印刷
印 数：1-3,000
定 价：168.00元

華中出版

本书若有印装质量问题，请向出版社营销中心调换
全国免费服务热线：400-6679-118 竭诚为您服务

图片版权

本书的所有图片，除以下内容，由艾瑞克·桑德尔（Eric Sander）所有。

1: ©Château de Fontainebleau Archives/Eric Sander; 3: ©Château de Fontainebleau Archives/Eric Sander; 4–5: ©RMN-Grand Palais (Château de Fontainebleau)/Jean-Pierre Lagiewski; 6: ©Château de Fontainebleau Archives/Eric Sander; 12–13: ©Château de Fontainebleau Archives/Eric Sander; 17: BnF; 32: ©Château de Fontainebleau Archives/Eric Sander; 41: ©Bibliothèque de la Ville de Fontainebleau Archives/Eric Sander; 43: ©Beaux-Arts de Paris, Dist. RMN-Grand Palais/image Beaux-arts de Paris; 46, 48–49, 54, 55: ©Bibliothèque de la Ville de Fontainebleau Archives/Eric Sander; 56: ©Château de Fontainebleau Archives/Eric Sander; 64 and 65: ©Bibliothèque de la Ville de Fontainebleau Archives/Eric Sander; 66: ©Château de Fontainebleau Archives/Eric Sander; 69: ©RMN-Grand Palais (Château de Fontainebleau)/Franck Raux; 71: ©RMN-Grand Palais (Château de Versailles)/Gérard Blot; 78, 82, 86: ©Château de Fontainebleau Archives/Eric Sander; 98: ©RMN-Grand Palais/Agence Bulloz; 116: ©Château de Fontainebleau Archives/Eric Sander; 118–19: ©RMN-Grand Palais (musée des châteaux de Malmaison et de Bois-Préau)/Gérard Blot; 128–29: ©Roger-Viollet; 144: ©Château de Fontainebleau Archives/Eric Sander; 146: ©Bibliothèque de la Ville de Fontainebleau Archives/Eric Sander; 147: BnF; 154–55: ©Château de Fontainebleau Archives, PHFA4/Eric Sander; 156: ©Château de Fontainebleau Archives/Eric Sander; 158: ©RMN-Grand Palais (Château de Fontainebleau)/Gérard Blot; 159: ©akg-images; 160: ©RMN-Grand Palais (Château de Fontainebleau)/Gérard Blot; 163: ©Archives Nationales (France), CP/O/1/3242/B/2; 164–65, 166: BnF; 167: ©Château de Fontainebleau Archives, 20.1.1.2; 170: ©Château de Fontainebleau Archives/Eric Sander; 174: ©RMN-Grand Palais (Château de Fontainebleau)/Gérard Blot; 176: ©akg-images/Rabatti – Domingie; 177: ©Bibliothèque de la Ville de Fontainebleau Archives/Eric Sander; 178–179: ©Musée Condé, Chantilly, France/Bridgeman Images; 180–81: ©Jean-Paul Dumontier/La Collection; 182-83: ©RMN-Grand Palais (domaine de Compiègne)/Thierry Le Mage; 184–85, 198–99: ©RMN-Grand Palais (Château de Fontainebleau)/Gérard Blot; 204: ©RMN-Grand Palais (Château de Fontainebleau)/Gérard Blot/Christian Jean; 205: ©RMN-Grand Palais (Château de Fontainebleau)/All rights reserved; 206–7: ©RMN-Grand Palais (domaine de Chantilly)/René-Gabriel Ojéda; 208: ©Musée de la Vénerie, Senlis; 209: ©C. Finocchi; 210: ©Archives Louis Vuitton Malletier; 214: ©RMN/Grand Palais (Château de Fontainebleau)/Gérard Blot; 215: ©BnF; 216: ©Château de Fontainebleau Archives/Eric Sander; 217: ©Library of Congress; 218, 219, 222–23: ©Château de Fontainebleau Archives/Eric Sander.

鸣 谢

Flammarion 出版社感谢
枫丹白露宫博物馆馆长让-弗朗索瓦·埃贝尔先生的信任和珍贵的帮助。
我们也向艾蒂安·奇洛（Étienne Chilot）、
文森特·柯切特（Vincent Cochet）、帕特里夏·达·科斯塔（Patricia Da Costa）、
休伯特·达格里（Hubert Dagry）、文森特·德罗盖（Vincent Droguet）、
埃里克·格里比（Éric Grebille）、亚历克西斯·凯梅尔（Alexis de Kermel）、
帕特里夏·卡伦斯基（Patricia Kalensky）、纪尧姆·拉（Guillaume Larbi）、
伊琳娜·梅茨（Irina Metzl）和莎拉·帕罗内托（Sarah Paronetto）表示感谢。
我们也非常感谢玛丽-多米尼克·埃林格（Marie-Dominique Ehlinger）
为我们打开了枫丹白露市图书馆的珍贵档案。